Histoire des Cieux et de la Terre 3
ou Voyage dans les passés et les futurs
Troisième tome

II

Patrick Thouvenin de Strinava

Histoire des Cieux et de la Terre 3
Troisième Tome

Avec les illustrations de
Svétoslava L. Prodanova-Thouvenin
de Strinava

Books on Demand

© 2020 Thouvenin de Strinava, Patrick

Éditeur : Books on Demand GmbH,
12/14 rond-point des Champs Élysées,
75008 Paris, France
www.bod.fr

Impression : Books on Demand GmbH,
Norderstedt, Allemagne

ISBN 978-2-3222-0726-8
Dépôt légal : mars 2020

VI

Au Grand Dieu ! Père et Fils

Svetla
Patrick

Table des chapitres
Histoire des Cieux et de la Terre

Premier Tome
I – Chronologie globale
II – Un Monde Spirituel
III – Première Création de l'Univers et de la Terre
IV – Re-Création de la Terre
V – Grands Principes

Deuxième Tome
VI – Le Règne de Satan
VII – Le Monde Antédiluvien
VIII – Le Monde Actuel
IX – Le Temps de la Fin

Troisième Tome
X – Le Millénium
XI – La Deuxième Résurrection & Le Jugement Dernier ; Le Dernier Grand Jour ; La Nouvelle Jérusalem
XII – Darwin ou Dieu ? il faut choisir !
XIII – Épilogue

Quatrième Tome
XIV – Après-propos

IX

# Chapitre X
Le Millénium

XII

Table des matières
Chapitre X
Le Millénium

I – Le Millénium (1.000 ans)

II – Les débuts du Millénium

III – Gog et Magog : Ézéchiel XXXVIII [38] & XXXIX [39]

IV – Que signifie la fin du verset 3 d'Apocalypse XX [20] ?

XIV

I – LE MILLÉNIUM (1.000 ANS)

LE "MILLÉNIUM", c'est, les humains survivants se retrouvant sous le Gouvernement mondial de Jésus-Christ sur la Terre, dans cette période merveilleuse qui commence.

Eux et leurs descendants n'auront pas à combattre Satan ; mais ils devront néanmoins réussir en rejetant la voie du péché pendant leur vie physique, avant d'être eux aussi transformés en esprits.

Période de Re-Création, de restauration, d'épanouissement, de paix totale et de bonheur pour toute la Terre : hommes, animaux, monde végétal. Les bêtes sauvages sont transformées, deviennent paisibles et mangent de l'herbe.

II – LES DÉBUTS DU MILLÉNIUM

Apocalypse XX [20], 1–3

« 1 Puis je vis descendre du ciel un ange, qui avait la clef de l'abîme et une grande chaîne dans sa main. 2 Il saisit le dragon, le serpent ancien, qui est le diable et Satan, et il le lia pour mille ans. 3 Il le jeta dans l'abîme, ferma et scella l'entrée au-dessus de lui, afin qu'il ne séduisît plus les nations, jusqu'à ce que les mille ans fussent accomplis. Après cela, il faut qu'il soit délié pour un peu de temps. »

Ésaïe XXIV [24], 21–23

« 21 En ce temps-là, l'Éternel châtiera dans le ciel l'armée d'en haut, Et sur la terre les rois de la terre. 22 Ils seront assemblés captifs dans une prison, Ils seront enfermés dans des cachots, Et, après un grand nombre de jours, ils seront châtiés. 23 La lune sera couverte de honte, Et le soleil de confusion ; Car l'Éternel des armées régnera Sur la montagne de Sion et à Jérusalem, Resplendissant de gloire en présence de ses anciens. »

Ésaïe XI [11], 1–10

Bible Annotée Neuchâtel

« 1 Et un rameau sortira du tronc d'Isaï, et un rejeton de ses racines portera du fruit. 2 L'Esprit de l'Éternel reposera sur lui, esprit de sagesse et d'intelligence, esprit de conseil et de force, esprit de connaissance et de crainte de l'Éternel. 3 Il prendra son plaisir dans la crainte de l'Éternel ; il ne jugera point sur ce qui paraîtra à ses yeux, et il ne prononcera point d'après ce qui frappera ses oreilles. 4 Il jugera avec justice les petits, et il fera droit aux humbles de la terre ; il frappera la terre de la verge de sa bouche, et par le souffle de ses lèvres il fera mourir le méchant. 5 La justice sera la ceinture de ses reins, et la fidélité la ceinture de ses flancs. 6 Le loup habitera avec l'agneau, et la panthère gîtera avec le chevreau ; le veau, le lionceau et le bœuf gras seront ensemble, et un petit garçon les conduira. 7 La vache paîtra avec l'ourse, leurs petits gîteront ensemble ; et le lion mangera du fourrage comme le bœuf. 8 Le nourrisson s'ébattra sur le trou de la vipère, et l'enfant sevré mettra sa main sur la prunelle du basilic. 9 On ne fera point de mal ni de dégât sur toute ma montagne sainte ; car la terre sera remplie de la connaissance de l'Éternel, comme le fond de la mer des eaux qui le couvrent. 10 Et il arrivera en ce jour-là que la racine d'Isaï, élevée comme étendard pour les peuples, sera recherchée par les nations, et son séjour ne sera que gloire. »

Ésaïe XXXV [35], 1–10

« 1 Le désert et le pays aride se réjouiront ; La solitude s'égaiera, et fleurira comme un narcisse ; 2 Elle se couvrira de fleurs, et tressaillira de joie, Avec chants d'allégresse et cris de triomphe ; La gloire du Liban lui sera donnée, La magnificence du Carmel et de Saron. Ils verront la gloire de l'Éternel, la magnificence de notre Dieu. 3 Fortifiez les mains languissantes, Et affermissez les genoux qui chancellent ; 4 Dites à ceux qui ont le cœur troublé : Prenez courage, ne craignez point ; Voici votre Dieu, la vengeance viendra, La rétribution de Dieu ; Il viendra lui-même, et vous sauvera. 5 Alors s'ouvriront les yeux des aveugles, S'ouvriront les oreilles des sourds ; 6 Alors le boiteux sautera comme un cerf, Et la langue du muet éclatera de joie. Car des eaux jailliront dans le désert, Et des ruisseaux dans la solitude ; 7 Le mirage se changera en étang Et la terre desséchée en sources d'eaux ; Dans le repaire qui servait de gîte aux chacals, Croîtront des roseaux et des joncs. 8 Il y aura là un chemin frayé, une route, Qu'on appellera la voie sainte ; Nul impur n'y passera ; elle sera pour eux seuls ; Ceux qui la suivront, même les insensés, ne pourront s'égarer. 9 Sur cette route, point de lion ; Nulle bête féroce ne la prendra, Nulle ne s'y rencontrera ; Les délivrés y marcheront. 10 Les rachetés de l'Éternel retourneront, Ils iront à Sion avec chants de triomphe, Et une joie éternelle couronnera leur tête ; L'allégresse et la joie s'approcheront, La douleur et les gémissements s'enfuiront. »

Ésaïe XL [40], 1–5

« 1 Consolez, consolez mon peuple, Dit votre Dieu. 2 Parlez au cœur de Jérusalem, et criez lui Que sa servitude est finie, Que son iniquité est expiée, Qu'elle a reçu de la main de l'Éternel Au double de tous ses péchés. 3 Unc voix crie : Préparez au désert le chemin de l'Éternel, Aplanissez dans les lieux arides Une route pour notre Dieu. 4 Que toute vallée soit exhaussée, Que toute montagne et toute colline soient abaissées ! Que les coteaux se changent en plaines, Et les défilés étroits en vallons ! 5 Alors la gloire de l'Éternel sera révélée, Et au même instant toute chair la verra ; Car la bouche de l'Éternel a parlé. »

Ésaïe XLI [41], 17–20

« 17 Les malheureux et les indigents cherchent de l'eau, et il n'y en a point ; Leur langue est desséchée par la soif. Moi, l'Éternel, je les exaucerai ; Moi, le Dieu d'Israël, je ne les abandonnerai pas. 18 Je ferai jaillir des fleuves sur les collines, Et des sources au milieu des vallées ; Je changerai le désert en étang, Et la terre aride en courants d'eau ; 19 Je mettrai dans le désert le cèdre, l'acacia, Le myrte et l'olivier ; Je mettrai dans les lieux stériles Le cyprès, l'orme et le buis, tous ensemble ; 20 Afin qu'ils voient, qu'ils sachent, Qu'ils observent et considèrent Que la main de l'Éternel a fait ces choses, Que le Saint d'Israël en est l'auteur. »

III – GOG ET MAGOG : ÉZÉCHIEL XXXVIII [38] & XXXIX [39]

À NOTER qu'alors que le Millénium commence, que Satan et ses démons sont déjà emprisonnés, que Dieu a rassemblé dans le pays autour de Jérusalem les survivants de la Grande Détresse, et que ces survivants auront déjà redémarré une société paisible et heureuse sous le Gouvernement de Christ (dans les premières années du Millénium, ou dans les toutes premières décennies), il semblerait alors que les survivants de grands peuples de la Terre, qui ne seront pas convertis et soumis à Dieu à ce moment-là, tenteront d'attaquer et de s'emparer du pays !!

Il convient de noter que le terme d'Israël est à considérer au sens antique : les 12 tribus d'Israël — Ruben, Éphraïm, Manassé, Gad, Juda, etc. —, et non pas dans le sens de l'État moderne d'Israël qui ne représente essentiellement qu'une seule tribu, la tribu de Juda. Ces tribus perdues d'Israël — leurs descendants — sont en fait de grandes et puissantes nations occidentales du temps présent. Leurs survivants seront ramenés, au retour du Christ, dans le pays qu'Il donna jadis à Abraham et ses descendants — Ézéchiel XXXIX [39], 25-29.

Le texte biblique principal sur ce sujet c'est Ézéchiel XXXVIII [38], une prophétie qui parle d'un prince qui réunira les troupes de plusieurs nations et viendra attaquer les rescapés de la Grande Détresse établis en paix dans les terres saintes.

Ézéchiel XXXVIII [38], 2

« 2 Fils de l'homme, tourne ta face vers Gog, au pays de Magog, Vers le prince de Rosch, de Móschec et de Tubal, Et prophétise contre lui ! »

Gog au pays de Magog ? Il s'agit peut-être d'une assonance plutôt que deux peuples différents ; des commentaires bibliques disent que le nom de Gog, bien qu'étant un nom propre, était utilisé comme un titre général des ennemis du peuple de Dieu ; et disent aussi qu'il désigne une personne, décrite comme un « prince » du « pays de Magog », qui serait de fait l'ultime Antéchrist ; au reste, il est bien décrit comme le prince de Rosch, de Méschec et de Tubal.

Plus loin dans ce chapitre sont mentionnés les peuples de cette coalition : <u>Gog</u>, prince de <u>Rosch</u>, de <u>Méschec</u> et de <u>Tubal</u> ; ceux de <u>Perse</u>, d'<u>Éthiopie</u> et de <u>Puth</u> ; <u>Gomer</u> ; <u>Togarma</u>, à l'extrémité du septentrion.

Première remarque, cette coalition semble disparate : par exemple, l'Éthiopie (pays sans force sur le plan militaire) peut, en revanche, symboliquement représenter toute une partie de l'Afrique noire ! De même, Puth (la Libye) dans le contexte actuel ne représente plus une force militaire, mais peut aussi représenter symboliquement une union de nations d'Afrique du Nord. Deuxième remarque, la Perse (l'Iran moderne), Puth (la Libye), et l'Éthiopie ne sont pas au septentrion de Jérusalem ! On est loin de la compréhension traditionnelle habituelle, exclusive : Russie plus Chine !

Genèse X [10], 2,3,6

I Chroniques I, 5,6,8

Postérité des fils de Noé : Sem, Cham et Japhet.

Fils de Japhet : <u>Gomer</u>, <u>Magog</u>, Madaï, Javan, <u>Tubal</u>, <u>Méschec</u> et Tiras.

Fils de <u>Gomer</u> (fils de Japhet) : Aschkenaz, Riphat et <u>Togarma</u>.

Fils de Cham : Cusch, Mitsraïm (l'Égypte), <u>Puth</u> (la Libye) et Canaan.

Genèse XLVI [46], 19,21

Fils de Rachel, femme de Jacob : Joseph et Benjamin.
Fils de Benjamin : 10 fils dont <u>Rosch</u> ! Oh !

o-o-o

Ézéchiel XXXVIII [38] & XXXIX [39] sont des chapitres prophétiques de compréhension difficile. Plusieurs éléments ne sont pas clairs, nous ne comprenons et ne comprendrons pas pas tout avant la réalisation de ces prophéties, et il convient donc d'avoir une position doctrinale prudente. Sur l'identité de ces peuples, comme nous l'avons vu, mais aussi sur l'époque de réalisation de cette prophétie. La question est très importante. J'ai vu des commentaires bibliques considérant qu'Ézéchiel XXXVIII se passe aux temps d'Apocalypse XX [20], 7-9.

Apocalypse XX [20], 7-9

« 7 Quand les mille ans seront accomplis, Satan sera relâché de sa prison. 8 Et il sortira pour séduire les nations qui sont aux quatre coins de la terre, Gog et Magog, afin de les rassembler pour la guerre ; leur nombre est comme le sable de la mer. 9 Et ils montèrent sur la surface de la terre, et ils investirent le camp des saints et la ville bien-aimée. Mais un feu descendit du ciel, et les dévora. »

Dans Apocalypse XX, il est clairement mentionné « quand les mille ans seront accomplis » ! donc, c'est après, à la fin du Millénium.

Que dit le contexte pour le texte d'Ézéchiel ?

Ézéchiel XXXVII [37], 21-28

« 21 Et tu leur diras : Ainsi parle le Seigneur, l'Éternel : Voici, je prendrai les enfants d'Israël du milieu des nations où ils sont allés, je les rassemblerai de toutes parts, et je les ramènerai dans leur pays. 22 Je ferai d'eux une seule nation dans le pays, dans les montagnes d'Israël ; ils auront tous un même roi, ils ne formeront plus deux nations, et ne seront plus divisés en deux royaumes. 23 Ils ne se souilleront plus par leurs idoles, par leurs abominations, et par toutes leurs transgressions ; je les retirerai de tous les lieux qu'ils ont habités et où ils ont péché, et je les purifierai ; ils seront mon peuple, et je serai leur Dieu. 24 Mon serviteur David sera leur roi, et ils auront tous un seul pasteur. Ils suivront mes ordonnances, ils observeront mes lois et les mettront en pratique. 25 Ils habiteront le pays que j'ai donné à mon serviteur

Jacob, et qu'ont habité vos pères ; ils y habiteront, eux, leurs enfants, et les enfants de leurs enfants, à perpétuité ; et mon serviteur David sera leur prince pour toujours. 26 Je traiterai avec eux une alliance de paix, et il y aura une alliance éternelle avec eux ; je les établirai, je les multiplierai, et je placerai mon sanctuaire au milieu d'eux pour toujours. 27 Ma demeure sera parmi eux ; je serai leur Dieu, et ils seront mon peuple. 28 Et les nations sauront que je suis l'Éternel, qui sanctifie Israël, lorsque mon sanctuaire sera pour toujours au milieu d'eux. »

Ézéchiel XXXVIII [38], 8,11,12,14,23

« 8 Après bien des jours, tu seras à leur tête ; Dans la suite des années, tu marcheras contre le pays Dont les habitants, échappés à l'épée, Auront été rassemblés d'entre plusieurs peuples Sur les montagnes d'Israël longtemps désertes ; Retirés du milieu des peuples, Ils seront tous en sécurité dans leurs demeures. »

« 11 Tu diras : Je monterai contre un pays ouvert, Je fondrai sur des hommes tranquilles, En sécurité dans leurs demeures, Tous dans des habitations sans murailles, Et n'ayant ni verrous ni portes ; 12 J'irai faire du butin et me livrer au pillage, Porter la main sur des ruines maintenant habitées, Sur un peuple recueilli du milieu des nations, Ayant des troupeaux et des propriétés, Et occupant les lieux élevés du pays. »

« 14 C'est pourquoi prophétise, fils de l'homme, et dis à Gog : Ainsi parle le Seigneur, l'Éternel : Oui, le jour où mon peuple d'Israël vivra en sécurité, Tu le sauras. »

« 23 Je manifesterai ma grandeur et ma sainteté, Je me ferai connaître aux yeux de la multitude des nations, Et elles sauront que je suis l'Éternel. »

Ézéchiel XXXIX [39], 6,9,14,21,22,25,27

« 6 J'enverrai le feu dans Magog, Et parmi ceux qui habitent en sécurité les îles ; Et ils sauront que je suis l'Éternel. »

« 9 Alors les habitants des villes d'Israël sortiront, Ils brûleront et livreront aux flammes les armes, Les petits et les grands boucliers, Les arcs et les flèches, Les piques et les lances ; Ils en feront du feu pendant sept ans. »

« 14 Ils choisiront des hommes qui seront sans cesse à parcourir le pays, Et qui enterreront, avec l'aide des voyageurs, Les corps restés à la surface de la terre ; Ils purifieront le pays, Et ils seront à la recherche pendant sept mois entiers. »

« 21 Je manifesterai ma gloire parmi les nations ; Et toutes les nations verront les jugements que j'exercerai, Et les châtiments dont ma main les frappera. 22 La maison d'Israël saura que je suis l'Éternel, son Dieu, Dès ce jour et à l'avenir. »

« 25 C'est pourquoi ainsi parle le Seigneur, l'Éternel : Maintenant je ramènerai les captifs de Jacob, J'aurai pitié de toute la maison d'Israël, Et je serai jaloux de mon saint nom. »

« 27 Quand je les ramènerai d'entre les peuples, Quand je les rassemblerai du pays de leurs ennemis, Je serai sanctifié par eux aux yeux de beaucoup de nations. »

Tous ces passages indiquent que c'est bien <u>au début</u> du Millénium, alors que le Millénium vient de démarrer, qu'un prince — Gog — réunira les troupes de plusieurs nations et viendra attaquer les rescapés de la Grande Détresse établis en paix dans les terres saintes. En prenant les passages susmentionnés il est difficile de dire qu'il s'agit d'événements en fin du Millénium. Donc, il semblerait qu'il y aura deux grandes rébellions très semblables, l'une se passant au début du Millénium (c'est Ézéchiel XXXVIII & XXXIX), l'autre, presque une répétition, se produisant en fin du Millénium, donc 1.000 ans plus tard, sous l'instigation de Satan.

À noter que les événements du début se produiront alors que Satan est enfermé dans l'abîme avec tous ses anges ! Difficile à croire ! La nature humaine sera la base de cette grande rébellion des nations non encore converties...

o-o-o

Le combat livré par les nations mentionnées dans les premiers versets d'Ézéchiel XXXVIII [38] aux rescapés dans les terres saintes sera permis par Dieu pour qu'Il soit sanctifié aux yeux des nations.

Ézéchiel XXXVIII [38], 14-16

« 14 C'est pourquoi prophétise, fils de l'homme, et dis à Gog : Ainsi parle le Seigneur, l'Éternel : Oui, le jour où mon peuple d'Israël vivra en sécurité, Tu le sauras. 15 Alors tu partiras de ton pays, des extrémités du septentrion, Toi et de nombreux peuples avec toi, Tous montés sur des chevaux, Une grande multitude, une armée puissante. 16 Tu t'avanceras contre mon peuple d'Israël, Comme une nuée qui va couvrir le pays. Dans la suite des jours, je te ferai marcher contre mon pays, Afin que les nations me connaissent, Quand je serai sanctifié par toi sous leurs yeux, ô Gog ! »

Ézéchiel XXXIX [39], 6 & 7

« 6 J'enverrai le feu dans Magog, Et parmi ceux qui habitent en sécurité les îles ; Et ils sauront que je suis l'Éternel. 7 Je ferai connaître mon saint nom au milieu de mon peuple d'Israël, Et je ne laisserai plus profaner mon saint nom ; Et les nations sauront que je suis l'Éternel, Le Saint en Israël. »

Ézéchiel XXXIX [39], 21 & 22

« 21 Je manifesterai ma gloire parmi les nations ; Et toutes les nations verront les jugements que j'exercerai, Et les châtiments dont ma main les frappera. 22 La maison d'Israël saura que je suis l'Éternel, son Dieu, Dès ce jour et à l'avenir. »

o-o-o

La tradition des Églises évangéliques veut que les peuples asiatiques soient considérés comme descendants de Japhet (ce qui est probablement le cas) ; l'Afrique noire est mentionnée avec l'Éthiopie, l'Afrique du Nord avec Puth (la Libye) ; les Perses sont également mentionnés ; et, descendant de Benjamin nous avons Rosch (donc une tribu, devenue un pays, peut-être même un grand pays, dit israélite [c'est-à-dire descendant de Jacob-Israël]) !

À l'heure actuelle il est impossible d'identifier de manière certaine Gog et Magog, et leurs alliés, donc on prend tout simplement note que le Millénium commencera par un conflit destiné à révéler Dieu et à Le sanctifier aux yeux des nations avant une longue période de paix et de réconciliation des peuples avec leur Créateur et Législateur, avec leur Père spirituel.

IV – QUE SIGNIFIE LA FIN DU VERSET 3 D'APOCALYPSE XX [20] ?

Apocalypse XX [20], 1-3

« 1 Puis je vis descendre du ciel un ange, qui avait la clef de l'abîme et une grande chaîne dans sa main. 2 Il saisit le dragon, le serpent ancien, qui est le diable et Satan, et il le lia pour mille ans. 3 Il le jeta dans l'abîme, ferma et scella l'entrée au-dessus de lui, afin qu'il ne séduisît plus les nations, jusqu'à ce que les mille ans fussent accomplis. Après cela, il faut qu'il soit délié pour un peu de temps. »

Apocalypse XX [20], 7-9

« 7 Quand les mille ans seront accomplis, Satan sera relâché de sa prison. 8 Et il sortira pour séduire les nations qui sont aux quatre coins de la terre, Gog et Magog, afin de les rassembler pour la guerre ; leur nombre est comme le sable de la mer. 9 Et ils montèrent sur la surface de la terre, et ils investirent le camp des saints et la ville bien-aimée. Mais un feu descendit du ciel, et les dévora. »

Satan relâché ? Mais pourquoi laisser sortir le chef de tous les rebelles pour recommencer ? Peut-être parce que, même après le Millénium, il y aura parmi les êtres humains des gens qui n'accepteront pas vraiment dans leur cœur Dieu, et Dieu va les tester, les mettre à l'épreuve. Symboliquement, Gog et Magog représentaient les païens de l'Asie qui résistaient ou n'avaient pas reçu la parole. Ici cela représente les incroyants, tous ceux qui ont le cœur endurci. Donc, des personnes qui auront les principes de Gog et Magog. Dieu veut faire manifester tout cœur impur et rebelle, qui ne soit pas soumis au Seigneur, quel qu'il soit. Dieu veut nettoyer la Terre et ôter les derniers rebelles, n'importe qui.

Dans ce passage, Gog et Magog très probablement désignent l'ensemble des humains non convertis et irrécupérables qui, à la fin du Millénium, sous l'emprise de Satan vont combattre contre les demeures paisibles du peuple de Dieu converti pendant ces 1.000 ans. <u>Le même combat que Satan aura mené au tout début du Millénium</u> !

Dans une même analyse, trouvée sur Internet dans une documentation d'Église une note au sujet d'Apocalypse XX [20], 7-9 : « Gog et Magog, <u>utilisés symboliquement</u> pour désigner l'ultime soulèvement mondial contre Jérusalem, sa population et son roi, le Messie [...] Ce sera l'apogée de la dernière bataille livrée par Satan et ses armées, dont la destinée éternelle est déjà fixée. » Ceci est très bien dit.

XXXVIII

Chapitre XI
La Deuxième Résurrection & Le Jugement Dernier ;
Le Dernier Grand Jour ;
La Nouvelle Jérusalem

XL

Table des matières
Chapitre XI
La Deuxième Résurrection & Le Jugement Dernier ;
Le Dernier Grand Jour ;
La Nouvelle Jérusalem

I – La Deuxième Résurrection & Le Jugement Dernier

II – Réflexions sur la Cérémonie d'ouverture des Jeux d'Athènes 2004 ou LA GRANDE RÉSURRECTION

III – « Le Dernier Grand Jour »

IV – La Nouvelle Jérusalem

XLII

I – LA DEUXIÈME RÉSURRECTION & LE JUGEMENT DERNIER

Ésaïe XXVI [26], 19

« Que tes morts revivent ! Que mes cadavres se relèvent ! Réveillez-vous et tressaillez de joie, habitants de la poussière ! Car ta rosée est une rosée vivifiante, Et la terre redonnera le jour aux morts »

Jean V [5], 25–29

« 25 En vérité, en vérité, je vous le dis, l'heure vient, et elle est déjà venue, où les morts entendront la voix du Fils de Dieu ; et ceux qui l'auront entendue vivront. 26 Car, comme le Père a la vie en lui-même, ainsi il a donné au Fils d'avoir la vie en lui-même. 27 Et il lui a donné le pouvoir de juger, parce qu'il est Fils de l'homme. 28 Ne vous étonnez pas de cela ; car l'heure vient où tous ceux qui sont dans les sépulcres entendront sa voix, et en sortiront. 29 Ceux qui auront fait le bien ressusciteront pour la vie, mais ceux qui auront fait le mal ressusciteront pour le jugement. »

Considérons le verset 28 :

« 28 Ne vous étonnez pas de cela ; car l'heure vient où tous ceux qui sont dans les sépulcres entendront sa voix, et en sortiront. »

LES MORTS ressusciteront, mais pas tous en même temps :

– D'abord la Première Résurrection, lors du Retour de Jésus-Christ — son Second Avènement : I Corinthiens XV [15], 52 ; I Thessaloniciens IV [4], 16) ;

– Et plus tard, après le Millénium, tous les autres pour une résurrection de jugement, la Deuxième résurrection : c'est le contexte du verset 28.

Matthieu XII [12], 41 & 42

Apocalypse XX [20], 11–13

« 11 Puis je vis un grand trône blanc, et celui qui était assis dessus. La terre et le ciel s'enfuirent devant sa face, et il ne fut plus trouvé de place pour eux. 12 Et je vis les morts, les grands et les petits, qui se tenaient devant le trône. Des livres furent ouverts. Et un autre livre fut ouvert, celui qui est le livre de vie. Et les morts furent jugés selon leurs œuvres, d'après ce qui était écrit dans ces livres. 13 La mer rendit les morts qui étaient en elle, la mort et le séjour des morts rendirent les morts qui étaient en eux ; et chacun fut jugé selon ses œuvres. »

Ézéchiel XXXVII [37], 1–6,11–14

« 1 La main de l'Éternel fut sur moi, et l'Éternel me transporta en esprit, et me déposa dans le milieu d'une vallée remplie d'ossements. 2 Il me fit passer auprès d'eux, tout autour ; et voici, ils étaient fort nombreux, à la surface de la vallée, et ils étaient complètement secs. 3 Il me dit : Fils de l'homme, ces os pourront-ils revivre ? Je répondis : Seigneur Éternel, tu le sais. 4 Il me dit : Prophétise sur ces os, et dis-leur : Ossements desséchés, écoutez la parole de l'Éternel ! 5 Ainsi parle le Seigneur, l'Éternel, à ces os : Voici, je vais faire entrer en vous un esprit, et vous vivrez ; 6 je vous donnerai des nerfs, je ferai croître sur vous de la chair, je vous couvrirai de peau, je mettrai en vous un esprit, et vous vivrez. Et vous saurez que je suis l'Éternel. »

« 11 Il me dit : Fils de l'homme, ces os, c'est toute la maison d'Israël. Voici, ils disent : Nos os sont desséchés, notre espérance est détruite, nous sommes perdus ! »

« 13 Et vous saurez que je suis l'Éternel, lorsque j'ouvrirai vos sépulcres, et que je vous ferai sortir de vos sépulcres, ô mon peuple ! »

Ézéchiel relate la résurrection physique future de l'ancienne nation d'Israël. Mais seule la nation d'Israël serait-elle ressuscitée ? Non, point. Israël est un symbole de l'amour de Dieu pour tous. Et pour Dieu il n'y a plus Juif ou Grec, chrétien ou païen :

Galates III, 28

« Il n'y a plus ni Juif ni Grec, il n'y a plus ni esclave ni libre, il n'y a plus ni homme ni femme ; car tous vous êtes un en Jésus-Christ. »

Colossiens III, 11

« Il n'y a ici ni Grec ni Juif, ni circoncis ni incirconcis, ni barbare ni Scythe, ni esclave ni libre ; mais Christ est tout et en tous. »

Tous seront ressuscités, toute l'Humanité qui est morte sans avoir eu sa chance de salut. Car Dieu est le Grand Dieu de Justice, et chacun aura, ou aura eu, sa chance de salut. son époque de salut. Car les morts ne sont ni en Enfer ni au Paradis, ils sont morts et inconscients (Ecclésiaste IX [9], 10), c'est pourquoi Dieu les ressuscitera.

Ecclésiaste IX [9], 10

« 10 Tout ce que ta main trouve à faire avec ta force, fais-le ; car il n'y a ni œuvre, ni pensée, ni science, ni sagesse, dans le séjour des morts, où tu vas. »

En plus le passage d'Ézéchiel indique clairement qu'il s'agit d'une résurrection à la vie physique. C'est le même contexte qu'Apocalypse XX [20], versets 11 à 13 : le Jugement du Grand Trône Blanc (traditionnellement appelé « Jugement dernier »).

À la Deuxième Résurrection advient le jugement de la Grande Multitude, ceux qui n'ont pas eu leur chance de salut lors de leur première vie. Il s'agit donc d'une Deuxième Résurrection, à la vie physique, distincte dans le temps de la Première Résurrection à la vie éternelle — celle des appelés et élus, et des morts en Christ —, qui aura eu lieu mille ans auparavant.

II – RÉFLEXIONS SUR LA CÉRÉMONIE D'OUVERTURE DES JEUX OLYMPIQUES D'ATHÈNES 2004 ou LA GRANDE RÉSURRECTION

COMME j'avais écrit un texte philosophique et littéraire il y a déjà longtemps traitant justement du sujet soulevé ci-avant, j'ai pensé que cela vous serait agréable et intéressant si je le rééditais dans ce livre. Ci-après, donc, le texte de cet écrit...

CONFORTABLEMENT installé sur un transat devant la télévision — c'est pour moi un moment de repos apprécié et nécessaire ! — je m'apprêtais de regarder le journal télévisé du soir, ce vendredi 13 août 2004... Aïe ! pas de journal !! — avancé pour cause de retransmission en direct de la cérémonie d'ouverture des Jeux olympiques d'Athènes... C'est ainsi que je suis resté devant ma télévision, d'humeur franchement maussade, privé ce soir-là de mon journal télévisé, moi qui n'aime que modérément le sport, et pas du tout les manifestations sportives. Quoique... quoique les Jeux olympiques...

o-o-o

Donc, je regardai... Et ça commençait mal ! Le début du spectacle me surprit négativement, quand cette grande statue sortit de l'eau. Pas vraiment beau, d'un goût bizarre, bizarre.

Une grande statue, représentation schématisée à l'extrême d'une tête et d'un buste d'homme. Sur cette statue sont alors projetés en faisceaux lumineux des traits et des courbes, amenant l'idée de conception architecturale... Puis la statue s'ouvre complètement... ! et apparaît de dedans elle une autre statue typique d'une époque moins ancienne. Et ainsi de suite on se rapprochait de l'antiquité plus proche... Mon intérêt et mon appréciation s'amplifiaient. Les statues représentent l'Homme, avec même l'idée d'une conception architecturale de l'Homme, par un Grand Architecte...

Genèse I, 27

« Dieu créa l'homme à son image, il le créa à l'image de Dieu, il créa l'homme et la femme. »

Psaumes CXXXIX [139], 14

« Je te loue de ce que je suis une créature si merveilleuse. »

Cette première grande statue sortie de l'eau, mais oui, j'ai déjà vu, un art caractéristique de la plus ancienne civilisation connue de la mer Égée sur l'archipel des Cyclades — les statues cycladiques, uniques, très stylisées, caractérisées par la construction géométrique...

Épanouie dès le IIIe millénaire av. J.-C., <u>la civilisation cycladique</u> devança de quelques siècles celle de Crète — la civilisation minoenne, celle des palais gigantesques et des légendes : Dédale, le Labyrinthe, le Minotaure, Ariane... —, puis celle de Mycènes — première civilisation hellénique, qui connut sa fin peu après l'expédition et la prise de Troie —, dans le vaste ensemble de la civilisation égéenne.

(Résumé écrit d'après plusieurs sources, dont « Le petit Robert des noms propres », éd. 2004)

Petit à petit l'idée devenait apparente : ce spectacle d'ouverture était bâti sur une pensée profonde, une rétrospective de l'Histoire de l'Humanité !

Puis deuxième phase du spectacle, un homme et une femme près de l'eau, avec l'Éros qui les survole : l'Histoire de l'Humanité par le symbole de l'amour entre l'homme et la femme. Symbole repris tout en fin du spectacle.

o-o-o

Troisième phase, un fantastique défilé historique et chronologique de l'Humanité centré sur la Mer Égée, ramenant à la vie le souvenir de tant de civilisations et nations disparues, en passant par :

– la très ancienne époque de la Crète avec la brillante civilisation minoenne (le palais de Cnossos, et ses légendes : le roi Minos, le Labyrinthe de Dédale, le Minotaure, Ariane, Thésée) ;

Civilisation minoenne brutalement effondrée et totalement disparue : probablement presque anéantie par les grands tsunamis générés par l'éruption explosive cataclysmique du volcan Théra sur l'île Santorin (île de la mer Égée, la plus méridionale des Cyclades) vers moins 1600 av. J.-C. ; puis, désormais très affaiblie et centrée sur sa capitale Cnossos, la civilisation minoenne semble avoir plongé dans de grands troubles sociaux, avant d'être complètement détruite par l'invasion de guerriers achéens vers moins 1550.

(Certains scientifiques, et experts, pensent maintenant que la légende de l'Atlantide pourrait bien être le souvenir de la destruction subite de la civilisation minoenne, dont les villes puissantes sur les îles et sur la côte nord de la Crète furent directement détruites par le volcan Théra, submergées sous les tsunamis qui suivirent l'explosion finale et l'engloutissement de ce « volcan de l'Apocalypse ».)

Sur la scène défilaient l'un après l'autre :

– les royaumes achéens de la Grèce ;

– Athènes et le « siècle de Périclès » ;

– la Macédoine et la civilisation hellénistique ;

– l'éclat de Byzance ;

– l'époque moderne : XIXe siècle, la Guerre de l'Indépendance en 1821 ;

– jusqu'au rétablissement par Pierre de Coubertin des Jeux olympiques à la fin de ce même XIXe siècle.

Et cependant que je voyais défiler ces époques maintenant disparues à jamais, images qui passaient devant mes yeux, non pas des monuments et des pierres, mais des humains, hommes et femmes, petits groupes par petits groupes, délégations de ces civilisations, ces civilisations d'humains qui ont eu leurs espoirs, leurs joies et leurs peines, leurs désastres parfois aussi, mais des êtres humains qui ont espéré, dans ces régions magnifiques, avec cette mer Égée si belle et si riche d'îles, j'ai alors eu de l'émotion au profond de mon être et je pensais à la résurrection de cette Humanité disparue, non seulement eux, mais aussi toutes les civilisations de par le monde, civilisations qui renaîtront lors de la Grande Résurrection lorsque Dieu ramènera toute cette Humanité à la vie, et que le sourire, l'espérance et la joie illumineront alors les visages de ces gens lorsqu'ils prendront possession de cette nouvelle Terre renouvelée et du territoire qui leur sera affecté, jusqu'à leur entrée future dans le Royaume de Dieu.

Ésaïe XXVI [26], 19

« Que tes morts revivent !
Que mes cadavres se relèvent !
Réveillez-vous et tressaillez de joie,
habitants de la poussière !
Car ta rosée est une rosée vivifiante,
Et la terre redonnera le jour aux morts. »

Ézéchiel XXXVII 37, 1–14

v. 4–6

« Il me dit : Prophétise sur ces os, et dis-leur : Ossements desséchés, écoutez la parole de l'Éternel !

Ainsi parle le Seigneur, l'Éternel, à ces os : Voici, je vais faire entrer en vous un esprit, et vous vivrez ;

je vous donnerai des nerfs, je ferai croître sur vous de la chair, je vous couvrirai de peau, je mettrai en vous un esprit, et vous vivrez. Et vous saurez que je suis l'Éternel. »

v. 10

« Je prophétisai, selon l'ordre qu'il m'avait donné. Et l'esprit entra en eux, et ils reprirent vie, et ils se tinrent sur leurs pieds ; c'était une armée nombreuse, très nombreuse. »

v. 11-12

« Il me dit : Fils de l'homme, ces os, c'est toute la maison d'Israël. Voici, ils disent : Nos os sont desséchés, notre espérance est détruite, nous sommes perdus !

Prophétise donc, et dis-leur : Ainsi parle le Seigneur, l'Éternel : Voici, j'ouvrirai vos sépulcres, je vous ferai sortir de vos sépulcres, ô mon peuple, et je vous ramènerai dans le pays d'Israël. »

Ézéchiel relate la résurrection physique, aux temps ultimes, de l'ancienne nation d'Israël. Mais seule la nation d'Israël serait-elle ressuscitée ? Certes non, car pour Dieu il n'y a plus juif ou grec, chrétien ou païen.

Romains II, 9-11

« Tribulation et angoisse sur toute âme d'homme qui fait le mal, sur le Juif premièrement, puis sur le Grec !

Gloire, honneur et paix pour quiconque fait le bien, pour le Juif premièrement, puis pour le Grec !

Car devant Dieu, il n'y a point de favoritisme. »

Galates III, 28

« Il n'y a plus ni Juif ni Grec, il n'y a plus ni esclave ni libre, il n'y a plus ni homme ni femme ; car tous vous êtes un en Jésus-Christ. »

Colossiens III, 11

« Il n'y a ici ni Grec ni Juif, ni circoncis ni incirconcis, ni barbare ni Scythe, ni esclave ni libre ; mais Christ est tout et en tous. »

Tous seront ressuscités, toute l'Humanité disparue, des nations et civilisations anciennes jusqu'aux temps présents, qui n'ont pas du tout connu Christ, ou ont connu un christianisme affaibli, ou inadéquat, ou de contrefaçon, ils reviendront à la vie et auront leur chance, leur « jour » personnel de salut. En partant d'Ésaïe et en passant par Paul, la Bible parle d'une époque favorable au salut, d'un jour de salut, dans divers contextes. Également, la notion biblique d'époque favorable au salut est implicitement présente dans la mention par l'Apocalypse de plusieurs résurrections.

Ésaïe XLIX [49], 8

« Ainsi parle l'Éternel :
Au temps de la grâce je t'exaucerai,
Et au jour du salut je te secourrai »

(Passage repris par Paul dans II Corinthiens VI [6], 2)

Il adviendra que les élus de Dieu depuis la création de l'Homme jusqu'aux temps présents, qui ont eu accès au Saint-Esprit, et qui ont persévéré, seront ressuscités au Second Avènement de Jésus-Christ, à la fin de la période de Détresse (la Grande Détresse), prédite notamment dans l'Apocalypse — au point que le terme même d'Apocalypse dans le langage courant signifie la Fin des

Temps —, ils reviendront à la vie lorsque le règne et la puissance de Satan sur cette Terre prendront fin (Apocalypse XVII [17], 14 ; Ap. XIX [19], 11-21 ; Ap. XX [20], 1-3 & 4-6) et que les humains survivants des nations rentreront dans la période merveilleuse du Millénium et bénéficieront alors de l'accès universel au salut.

L'immense majorité, elle, décédée sans avoir eu accès au salut, sans avoir eu sa chance ou son jour de salut, n'est pas perdue, cette multitude sera ressuscitée après le Millénium (Apocalypse XX [20], 5) pour avoir elle aussi son jour de salut, lors d'un nouveau temps suffisant (peut-être cent ans : voir Ésaïe LXV [65], 17-25) en tant qu'êtres humains sur une Terre renouvelée. Car Dieu est juste, et s'il y a une prédestination sur le temps de notre appel, il n'y a pas de prédestination sur le salut : tous seront appelés, chacun en son temps, et la multitude sera ressuscitée lors de cette dernière grande époque du salut, ce Dernier Grand Jour de salut.

C'est alors que se produiront les événements confiés par Jésus-Christ à ses disciples et relatés dans l'Évangile selon Matthieu, également révélés dans l'Apocalypse :

Matthieu XII [12], 41–42

« Les hommes de Ninive se lèveront, au jour du jugement [...] La reine du Midi se lèvera, au jour du jugement [...] »

Apocalypse XX [20], 11–13

« Puis je vis un grand trône blanc, et celui qui était assis dessus. La terre et le ciel s'enfuirent devant sa face, et il ne fut plus trouvé de place pour eux.

Et je vis les morts, les grands et les petits, qui se tenaient devant le trône. Des livres furent ouverts. Et un autre livre fut ouvert, celui qui est le livre de vie. Et les morts furent jugés selon leurs œuvres, d'après ce qui était écrit dans ces livres.

La mer rendit les morts qui étaient en elle, la mort et le séjour des morts rendirent les morts qui étaient en eux ; et chacun fut jugé selon ses œuvres. »

L'Humanité ressuscitée entrera dans une période de bonheur et de paix totale où tous auront accès au salut. Leur jour de salut se lèvera sur la Terre renouvelée.

Ésaïe LXV [65], 17-25

v. 17
« Car je vais créer de nouveaux cieux
Et une nouvelle terre ;
On ne se rappellera plus les choses passées,
Elles ne reviendront plus à l'esprit. »

v. 19-20
« On n'y entendra plus
Le bruit des pleurs et le bruit des cris.

Il n'y aura plus ni enfants ni vieillards
Qui n'accomplissent leurs jours ;
Car celui qui mourra à cent ans sera jeune,
Et le pécheur âgé de cent ans sera maudit. »

v. 22-25
« Ils ne bâtiront pas des maisons pour qu'un autre les habite,

Ils ne planteront pas des vignes pour
qu'un autre en mange le fruit ;
Car les jours de mon peuple seront
comme les jours des arbres,
Et mes élus jouiront de l'œuvre de
leurs mains.

Ils ne travailleront pas en vain,
Et ils n'auront pas des enfants pour les
voir périr ;
Car ils formeront une race bénie
de l'Éternel,
Et leurs enfants seront avec eux.

Avant qu'ils m'invoquent, je répondrai ;
Avant qu'ils aient cessé de parler,
j'exaucerai.

Le loup et l'agneau paîtront ensemble,
Le lion, comme le bœuf, mangera
de la paille
[...]
Il ne se fera ni tort ni dommage
Sur toute ma montagne sainte,
Dit l'Éternel. »

o-o-o

...Mes pensées plongeaient dans le monde merveilleux de cet avenir promis, tandis que s'achevait ce défilé historique magnifique, commémoratif de la civilisation égéenne — délégation après délégation de figurants en costumes et symboles des époques rappelées, représentants des jours anciens qui avaient ainsi la possibilité de sortir de l'obscurité de la non-existence jusqu'à la scène lumineuse du stade d'Athènes. Je méditais au Jour de la lumière de la Résurrection où tous renaîtront pour l'espoir et le triomphe de la joie.

o-o-o

La seconde partie du spectacle commençait : le défilé des délégations des nations d'aujourd'hui aux Jeux d'Athènes 2004.

Chaque délégation marchant derrière son drapeau, habillée selon les traditions et symboles du pays. De très grosses délégations pour les grands pays comme les États-Unis, la France, etc., mais surtout d'innombrables petites délégations, souvent réduites à quelques personnes seulement — voire une seule personne ! ; — pour les tout petits pays et toutes petites nations, comme les îles du Pacifique et de l'Océan Indien : c'étaient les délégations les plus colorées, les plus joyeuses !

Ce qui m'a frappé, c'est la joie des participants des délégations, tous, une joie rayonnante, spontanée et sincère, surtout dans ces innombrables petites délégations. Certes, cette joie — bonheur et fierté — de tous les participants n'a pas duré au delà de ce soir-là. Dès les jours suivants, sous la pression terrible des épreuves des Jeux, les ambitions démesurées, les mauvaises attitudes de sportifs et d'entraîneurs, l'amour de l'argent, la pression des sponsors, et pas si rarement que cela les pires comportements, le désir et la volonté d'écraser les autres, la violence et la haine, ont repris le dessus pour plus que plusieurs... Une vision autrement plus démoralisante de l'Humanité. Mais, il n'empêche ! il n'empêche que ce soir-là les mauvais sentiments et attitudes avaient été mis de côté, l'esprit de compétition n'était pas présent, et tous et chacun étaient à sa joie légitime de participer à ce défilé.

o-o-o

Et, ce soir-là, ces délégations qui défilaient avec une joie rayonnante, l'une derrière l'autre, précédées de leur drapeau, tout cela me faisait penser à la joie à venir des nations après le Retour du Christ lorsque commencera le temps du Millénium, lorsqu'elles reprendront espoir après les temps de Détresse, en rentrant dans cette période millénaire de restauration de la Terre sous la gouvernance de Jésus-Christ.

Ésaïe XLII [42], 13–16

v. 15
« Je ravagerai montagnes et collines,
Et j'en dessécherai toute la verdure ;
Je changerai les fleuves en terre ferme,
Et je mettrai les étangs à sec. »

v. 16
« Je ferai marcher les aveugles sur un chemin qu'ils ne connaissent pas,
Je les conduirai par des sentiers

qu'ils ignorent ;
Je changerai devant eux les ténèbres en lumière,
Et les endroits tortueux en plaine [...] »

Ésaïe LXVI [66], 18

« Je connais leurs œuvres et leurs pensées.
Le temps est venu de rassembler toutes les nations
Et toutes les langues ;
Elles viendront et verront ma gloire. »

Jérémie XVI [16], 19

« Éternel, ma force et mon appui, mon refuge au jour de la détresse !
Les nations viendront à toi des extrémités de la terre,
Et elles diront : Nos pères n'ont hérité que le mensonge,
De vaines idoles, qui ne servent à rien. »

Zacharie II, 11

« Beaucoup de nations s'attacheront à l'Éternel en ce jour-là,
Et deviendront mon peuple ;
J'habiterai au milieu de toi,

Et tu sauras que l'Éternel des armées m'a envoyé vers toi. »

(Voir aussi :
Psaumes XXII [22], 28 ;
Ps. LXXXVI [86], 9 ;
Ps. XCVI [96], 10 ;
Ps. XCVIII [98], 2–3 ;
Ésaïe II, 4 ;
Ésaïe XI [11], 10 ;
Ésaïe XXV [25], 7 ;
Ésaïe XLII [42], 1–12 ;
Jérémie III, 17 ;
Zacharie XIV [14], 16 ;
Matthieu XII [12], 21.)

Et, plus avant encore dans l'accomplissement du Temps, par delà l'époque du Millénium, mes pensées se portèrent également, avec émotion, vers le Dernier Grand Jour lorsque toutes les anciennes civilisations et nations depuis longtemps disparues, seront ressuscitées... et rentreront en possession de leur territoire sur la Terre renouvelée...

o-o-o

Ce spectacle inaugural, spectacle historique d'une grande densité et riche de symboles, avec l'idée sous-jacente du Dieu Créateur, et de la beauté des civilisations, manifestait une recherche artistique d'une certaine beauté ; il m'a amené à ces réflexions sur la joie à venir des nations et leur espérance ; et aussi peut-être à vivre ces changements de programme de télévision avec moins d'émotions négatives, cherchant à rencontrer toujours et partout dans les vestiges du passé l'avenir magnifique promis avec Dieu… !

Certainement les Grecs se sont surpassés dans l'organisation et pour être agréables à tous. À tout le moins peut-on leur en rendre honneur ! Se peut-il qu'ils aient rencontré sur le chemin de l'hospitalité olympique les anges de l'inspiration divine ?!

Patrick Thouvenin

o-o-o

III – « LE DERNIER GRAND JOUR »

CETTE MULTITUDE, ces milliards de morts ramenés à la vie physique, une nouvelle vie physique, sont maintenant appelés à suivre la voie de Dieu pendant une période probatoire.

Cette période dans la tradition de certaines dénominations est appelée le « Dernier Grand Jour », comme indiqué dans Jean VII [7], 37. Elle est symbolisée, préfigurée, annoncée par la dernière des Fêtes divines (les Fêtes de l'Éternel) juste après les sept jours de la Fête des Tabernacles : le huitième jour, sabbat annuel, appelé « Dernier Grand jour ».

Jean VII [7], 37

« Le dernier jour, le grand jour de la fête, Jésus, se tenant debout, s'écria : Si quelqu'un a soif, qu'il vienne à moi, et qu'il boive. »

Le salut pour tous...

Jean IV [4], 13–14

« 13 Jésus lui répondit : Quiconque boit de cette eau aura encore soif ; 14 mais celui qui boira de l'eau que je lui donnerai n'aura jamais soif, et l'eau que je lui donnerai deviendra en lui une source d'eau qui jaillira jusque dans la vie éternelle. »

Apocalypse XXII [22], 17

« 17 Et l'Esprit et l'épouse disent : Viens. Et que celui qui entend dise : Viens. Et que celui qui a soif vienne ; que celui qui veut, prenne de l'eau de la vie, gratuitement. »

Ésaïe LV [55], 1–3

« 1 Vous tous qui avez soif, venez aux eaux, Même celui qui n'a pas d'argent ! Venez, achetez et mangez, Venez, achetez du vin et du lait, sans argent, sans rien payer ! 2 Pourquoi pesez-vous de l'argent pour ce qui ne nourrit pas ? Pourquoi travaillez-vous pour ce qui ne rassasie pas ? Écoutez-moi donc, et vous mangerez ce qui est bon, Et votre âme se délectera de mets succulents. 3 Prêtez l'oreille, et venez à moi, Écoutez, et votre âme vivra :

Je traiterai avec vous une alliance éternelle, Pour rendre durables mes faveurs envers David. »

II Corinthiens VI [6], 2

« Car il dit : Au temps favorable, je t'ai exaucé, Au jour du salut je t'ai secouru. Voici maintenant le temps favorable, voici maintenant le jour du salut. »

o-o-o

Cette période probatoire, cette nouvelle vie, semble-t-il durera 100 ans pour tous.

Ésaïe LXV [65], 17-25 est le seul passage qui parle explicitement de cette période.

Après le Millénium, le Grand Jour du salut (le Dernier Grand Jour de la Fête)...

Ésaïe LXV [65], 17-25

« 17 Car je vais créer de nouveaux cieux Et une nouvelle terre ; On ne se rappellera plus les choses passées, Elles ne reviendront plus à l'esprit. 18 Réjouissez-vous plutôt et soyez à toujours dans l'allégresse, A cause de ce que je vais créer ; Car je vais créer Jérusalem pour l'allégresse, Et son peuple pour la joie. 19 Je ferai de Jérusalem mon allégresse, Et de mon peuple ma joie ; On n'y entendra plus Le bruit des pleurs et le bruit des cris. 20 Il n'y aura plus ni enfants ni vieillards Qui n'accomplissent leurs jours ; Car celui qui mourra à cent ans sera jeune, Et le pécheur âgé de cent ans sera maudit. 21 Ils bâtiront des maisons et les habiteront ; Ils planteront des vignes et en mangeront le fruit. 22 Ils ne bâtiront pas des maisons pour qu'un autre les habite, Ils ne planteront pas des vignes pour qu'un autre en mange le fruit ; Car les jours de mon peuple seront comme les jours des arbres, Et mes élus jouiront de l'œuvre de leurs mains. 23 Ils ne travailleront pas en vain, Et ils n'auront pas des enfants pour les voir périr ; Car ils formeront une race bénie de l'Éternel, Et leurs enfants scront avec eux. 24 Avant qu'ils m'invoquent, je répondrai ; Avant qu'ils aient cessé de parler, j'exaucerai. 25 Le loup et l'agneau paîtront ensemble, Le lion, comme le bœuf, mangera de la paille, Et le serpent aura la poussière pour nourriture. Il ne se fera ni tort ni dommage Sur toute ma montagne sainte, Dit l'Éternel. »

(v.17) – « Car je vais créer de nouveaux cieux Et une nouvelle terre » : Dieu crée de nouveaux cieux et une nouvelle terre ;

(v.17) – « On ne se rappellera plus les choses passées, Elles ne reviendront plus à l'esprit » : Satan et ses démons ne seront pas présents, et on oubliera la douleur et les peines de sa première vie ;

(v.20) – « Il n'y aura plus ni enfants ni vieillards Qui n'accomplissent leurs jours » : Tous accompliront maintenant leurs jours ;

(v.20) – « Celui qui mourra à cent ans sera jeune » laisse penser que cette période durera exactement cent ans (voir aussi au verset 22 : « Car les jours de mon peuple seront comme les jours des arbres »). Ce sont là toutes les vies décédées avant la naissance, ou lors de la naissance, qui seront ramenées à la vie lors de la

Deuxième Résurrection : probablement ramenées à la vie dans leur premier jour (qu'ils avaient atteint ou auraient dû atteindre) et qui seront confiées aux adultes ressuscités. Et à la fin de cette nouvelle vie probatoire, ils auraient effectivement exactement 100 ans et seraient les plus jeunes...

Car, semble-t-il, les êtres humains de cette Humanité disparue mais ressuscitée seront ramenés à la vie à l'âge qu'ils avaient lors de leur mort, mais tous seront ressuscités dans une parfaite santé, guéris de toutes leurs maladies. Adam, à l'issue de cette période, aura 930 + 100 = 1030 ans, et ce sera l'un des hommes les plus âgés (voir Genèse V [5], 5) !

(v.23) – « Ils n'auront pas des enfants pour les voir périr ; car [...] leurs enfants seront avec eux » laisse entendre également qu'il n'y aurait pas de nouvelles naissances, mais les enfants ressuscités seront avec leurs parents, car toutes les générations auront été ressuscitées en même temps (la Deuxième Résurrection).

Il y aurait toujours le mariage, l'amour, mais pas d'enfants nés. Il n'y aurait plus d'enfants nés, car il faut qu'à un moment donné ça s'arrête, sinon ça ne s'arrêterait jamais (ces nouveaux enfants ne disposeraient pas du temps prévu — 100 ans — pour exercer leur libre arbitre, et choisir d'aimer totalement Dieu).

Cette Humanité, déchue par la faute d'Adam et Ève, réconciliée avec Dieu par le sacrifice de Jésus-Christ, dans sa grande majorité vivra son salut après le Second Avènement du Seigneur.

IV – LA NOUVELLE JÉRUSALEM

COMMENCEMENT du Royaume de Dieu :

Matthieu XIII [13], 43

« Alors les justes resplendiront comme le soleil dans le royaume de leur Père. »

La Nouvelle Jérusalem :

Apocalypse XXI [21], 1–4

« Puis je vis un nouveau ciel et une nouvelle terre ; car le premier ciel et la première terre avaient disparu, et la mer n'était plus. Et je vis descendre du ciel, d'auprès de Dieu, la ville sainte, la nouvelle Jérusalem, préparée comme une épouse qui s'est parée pour son époux. J'entendis du trône une forte voix qui disait : Voici le tabernacle de Dieu avec les hommes ! Il habitera avec eux, et ils seront son peuple, et Dieu lui-même sera avec eux. Il essuiera toute larme de leurs yeux, et la mort ne sera plus ; il n'y aura plus ni deuil, ni cri, ni douleur, car les premières choses ont disparu. »

v. 16
« La ville avait la forme d'un carré, et sa longueur était égale à sa largeur. Il mesura la ville avec le roseau, et trouva douze mille stades ; la longueur, la largeur et la hauteur en étaient égales. »

Le « stade », mesure grecque, vaut 185 mètres, ce qui donne 2.220 km ! Si la longueur, la largeur et la hauteur sont égales, c'est que la forme extérieure est bien celle d'un cube ! La ville a une longueur, une largeur et une hauteur de 2220 km !

Cette Nouvelle Jérusalem, ville sainte, <u>qui</u> <u>descend</u> <u>du</u> <u>ciel</u>, et dans laquelle se trouvera le Trône de Dieu. Le Trône de Dieu sur la Terre ! ; actuellement il est au septentrion (au Nord) de l'Univers physique. C'est en fait le « sanctuaire de l'Univers » qui va se poser sur la Terre (une nouvelle Terre : Apocalypse XXI [21], 1), laquelle va devenir le nouveau centre de l'Univers. Ce sanctuaire sera comme un cube posé sur la Terre ; un cube d'un éclat comme de la pierre de jaspe transparente comme du cristal (verset 11) ; avec une grande et haute muraille construite en jaspe (versets 12, 18), muraille posée sur douze fondements en pierres, minéraux fins ou précieux (du premier au douzième fondement : jaspe, saphir, calcédoine, émeraude, sardonyx, sardoine, chrysolithe, béryl, topaze, chrysoprase, hyacinthe, améthyste — fondements eux-mêmes ornés de pierres précieuses de toute espèce) ; avec douze portes par groupe de trois portes au Nord, à l'Est, au Sud, à l'Ouest, chaque porte étant faite d'une seule perle ; et la ville et la place de la ville en or pur comme du verre transparent.

v. 17
« Il mesura la muraille, et trouva cent quarante-quatre coudées, mesure d'homme, qui était celle de l'ange. »

Une coudée vaut 0,55 mètre, ce qui donne environ 80 mètres. Il n'est pas précisé s'il s'agit de la hauteur ou de l'épaisseur de la muraille.

v. 22 & 23

« Je ne vis point de temple dans la ville ; car le Seigneur Dieu tout-puissant est son temple, ainsi que l'Agneau. La ville n'a besoin ni du soleil ni de la lune pour l'éclairer ; car la gloire de Dieu l'éclaire, et l'Agneau est son flambeau. »

v. 27
« Il n'entrera chez elle rien de souillé, ni personne qui se livre à l'abomination et au mensonge ; il n'entrera que ceux qui sont écrits dans le livre de vie de l'Agneau. »

Apocalypse XXII [22], 1–5

« Et il me montra un fleuve d'eau de la vie, limpide comme du cristal, qui sortait du trône de Dieu et de l'Agneau. Au milieu de la place de la ville et sur les deux bords du fleuve, il y avait un arbre de vie, produisant douze fois des fruits, rendant son fruit chaque mois, et dont les feuilles servaient à la guérison des nations. Il n'y aura plus d'anathème. Le trône de Dieu et de l'Agneau sera dans la ville ; ses serviteurs le serviront et verront sa face, et son nom sera sur leur front. »

v. 5

« Il n'y aura plus de nuit ; et ils n'auront besoin ni de lampe ni de lumière, parce que le Seigneur Dieu les éclairera. Et ils régneront aux siècles des siècles. »

C'est le repos ultime, le sabbat ultime que nous attendons ensemble, notre rafraîchissement final.

Dieu le Père qui descend sur la Terre ! L'ambiance du Jardin d'Éden avant l'apparition du diable. Dieu va restaurer cette ambiance édénique qui avait été perdue pendant les temps de l'homme. La Nouvelle Jérusalem, c'est l'accomplissement spirituel du Jardin d'Éden qui, lui, était physique ! Ce sera la Fin du commencement. De là, et pour L'Éternité, l'amour de Dieu pour les hommes sera multiplié.

LXXXII

LXXXIII

Chapitre XII
Darwin ou Dieu ? il faut choisir !

LXXXVI

Table des matières
Chapitre XII
Darwin ou Dieu ? il faut choisir !

I – Vocabulaire, Langage, Idées de la Théorie de l'Évolution

II – Darwin ou Dieu

III – Datation au carbone 14

IV – Un documentaire-reportage troublant...

V – Théorie et postulat, mais ce n'est pas une preuve

VI – Petites histoires tragi-comiques

VII – Le droit inaliénable de croire

VIII – Une sinistre histoire

IX – Des fous, des fous !

I – VOCABULAIRE, LANGAGE, IDÉES DE LA THÉORIE DE L'ÉVOLUTION

AVANT DE PARLER de ce sujet très complexe — c'est-à-dire la Théorie de l'Évolution — et même si nous ne partageons pas les convictions et affirmations de cette théorie, il est néanmoins utile et nécessaire de comprendre un minimum du langage, du vocabulaire, et des idées de ladite théorie. C'est pourquoi, ci-après, nous donnons quelques définitions et explications sans lesquelles nous ne pourrions pas parler, avec connaissance, de ce sujet.

(Résumés inspirés de : « Dictionnaire Hachette encyclopédique », éd. 2002 ; « 36 Dictionnaires et Recueils », 2005 Micro Application)

o-o-o

On évalue aujourd'hui l'âge de la Terre à 4.500 millions d'années (4,5 milliards d'années) ! (?)

<u>Le précambrien</u> : Le précambrien représente la majeure partie de l'histoire de la Terre, c'est-à-dire quatre milliards d'années. Les plus anciennes roches connues ont quatre milliards d'années. Les terrains précambriens sont formés par des boucliers, affleurements restés stables depuis le début du primaire, et des plates-formes marines. C'est au précambrien que se constituent les principaux groupes d'invertébrés, mais peu de fossiles sont parvenus jusqu'à nous

<u>Le cambrien</u> : Les datations situent le début du cambrien (la première période de l'ère primaire) il y a 550 millions d'années.

o-o-o

<u>Invertébré</u> : Animal qui n'a pas de vertèbres

<u>Fossile</u> : Restes ou empreinte d'un être vivant dont l'espèce a disparu, dans une roche sédimentaire ou très peu métamorphisée

<u>Métamorphisme</u> : Ensemble des transformations qui affectent une roche soumise

à des conditions de température et de pression différentes de celles de sa formation

Roche sédimentaire : Qui provient d'un sédiment et n'a subi que des transformations peu importantes

Géologie : La géologie est l'ensemble des sciences de la Terre : en tant que réalité minérale, en tant que milieu où vivent et ont vécu des êtres vivants.
    Elle recourt aux méthodes de datation absolue (par le carbone 14, notamment) et de chronologie relative (par la stratigraphie).
    Les temps géologiques sont divisés en ères (primaire, secondaire, tertiaire, quaternaire)

Paléontologie : Science des êtres vivants qui ont peuplé la Terre au cours des temps géologiques, fondée sur l'étude des fossiles

o-o-o

Ères : Chacune des grandes divisions du temps entre moins (-) 550 millions d'années et l'époque actuelle

L'ère primaire :
La plus ancienne des ères géologiques au cours de laquelle se sont formés les terrains sédimentaires contenant des fossiles diversifiés ; elle succéda au précambrien, de moins 550 millions d'années à moins 250 millions d'années. Le cambrien est la première période de l'ère primaire

Dinosaures :
Tout animal d'un groupe d'environ 350 espèces de reptiles, dont des reptiles géants (tyrannosaure, diplodocus, stégosaure, hadrosaure, etc.), apparus à partir de moins 230 millions d'années (ère secondaire) et dont l'extinction brutale (à moins 65 millions d'années) a fait l'objet de nombreuses interprétations

L'ère secondaire (ou "le secondaire"), divisée en trois périodes : le trias, le jurassique et le crétacé :
Se dit de l'ère qui succède au primaire et s'étendant de moins 250 millions d'années à moins 65 millions d'années, caractérisée par l'apparition des reptiles géants (vers moins 220 millions d'années) et l'apparition des premiers mammifères et des oiseaux. Extinction brutale de tous les dinosaures à la fin du

secondaire, il y a environ 65 millions d'années

L'<u>ère</u> <u>tertiaire</u> (ou "le tertiaire") :
Le tertiaire est une ère géologique courte : environ 65 millions d'années si on inclut en elle le quaternaire, phase finale (moins de 2 millions d'années) arbitrairement détachée. Ces limites sont très floues. Le tertiaire est marqué par l' « explosion » des mammifères (avec une tendance au gigantisme analogue à celui des reptiles du secondaire)

L'<u>ère</u> <u>quaternaire</u> :
Elle fait partie de la fin de l'ère tertiaire, et on la situe entre environ moins 2 millions d'années et nos jours. Quatre glaciations ont déterminé la faune et la flore quaternaires. La plupart des espèces vivantes du tertiaire disparurent lors de la première glaciation. Le quaternaire est divisé en deux époques extrêmement inégales : 1. le pléistocène, ou âge glaciaire, qui s'achève (arbitrairement) à la fin du paléolithique et occupe donc la quasi-totalité du quaternaire ; 2. l'holocène, époque postglaciaire et moderne, de 8.000 av. J.-C. à nos jours

<u>Hominiens</u> :
Primate actuel ou fossile qui fait partie de l'espèce humaine ou d'une espèce qui serait celle d'ancêtres de l'Humanité actuelle.

Le groupe des hominiens comprend :
• des <u>australopithèques</u>, dont les restes n'ont été découverts qu'en Afrique ;
• tous les <u>pithécanthropes</u> (Homo erectus), de Java, de Chine, de Mauritanie, d'Europe ;
• les <u>néanderthaliens</u> (Homo sapiens neanderthalensis), <u>qui subsistèrent un certain temps avec Homo sapiens sapiens, l'homme actuel</u>

La célèbre « <u>Lucy</u> », <u>australopithecus afarensis</u>... Dans « *Encyclopédie Microsoft Encarta 2005* », dans l'article sur « australopithèque », l'australopithecus afarensis, surnommée « Lucy », est classćc en tant qu'espèce ayant vécu il y a 3,9 millions d'années jusqu'à il y a 2,9 millions d'années

L'<u>Homo</u> <u>habilis</u> est un australopithèque apparu il y a 1.800.000 ans ; ses restes, découverts en Afrique, sont associés à des outils

L'<u>Homo</u> <u>sapiens</u> <u>sapiens</u> remonterait à 100.000 ans environ

<u>Paléolithique</u> :
Se dit de la période du quaternaire (selon les continents, de 1,8 millions d'années à 8.000 ans avant notre ère) au cours de laquelle l'industrie de la pierre taillée fit son apparition

<u>Premier commentaire de la Rédaction après ces définitions</u> : tout cela semble « trop précis », « trop beau dans le sens de trop facile », un système « merveilleusement huilé », qui « coule de source »… Mais… ces temps, ces durées… de pareils temps d'une durée bien plus que fantastique, d'une durée inconcevable qui ne peut même pas être perçue par l'esprit, saisie, comprise, imaginée, donc incompréhensible, quelles preuves ? Où sont vos preuves ? Vos preuves, camarades, vos preuves !

II – DARWIN OU DIEU

DEPUIS DARWIN, soit vous croyez Darwin, soit vous croyez la Bible : il faut choisir ! Notre foi en Dieu est aussi un choix.

Nous, auteurs de ce texte, ne croyons pas les « preuves » par datation au carbone 14 qui nous sont continuellement assénées :
– Soit les tests ne sont pas effectués honnêtement, scientifiquement (ce qui est fréquent, notamment en datant par d'autres éléments que ceux directement concernés),
– Soit la datation au carbone 14 ne fonctionne pas pour les périodes de temps au-delà de la période récente,
– Soit les deux…

Au reste, il y a 6.000, 10.000, 24.000 ans, 1.000.000, 5.000.000, 200.000.000 d'années, vous n'y étiez pas que je sache ! :
– Soit nous croyons le Dieu Créateur infaillible,

– <u>Soit</u> <u>nous</u> <u>croyons</u> <u>le</u> <u>"dieu de la science"</u> <u>qui</u> <u>est</u> <u>le</u> <u>produit d'intelligences</u> <u>faillibles</u> <u>et</u> <u>limitées</u>, et de caractères imparfaits (orgueilleux et arrogants pour les mauvais scientifiques).

En résumé, <u>nous</u> <u>ne</u> <u>croyons</u> <u>pas</u> <u>que</u> <u>l'homme</u> <u>existait</u> <u>au-delà</u> <u>de</u> <u>moins</u> <u>6.000</u> <u>ans.</u>

Néanmoins, cela ne nous empêche pas de reconnaître que la datation au carbone 14 semble bien donner des résultats exacts pour la période récente (je dirais « actuelle ») : de moins 2000 ans av. J.-C. à nos jours.

Mais, en revanche, <u>OUI</u> ! <u>OUI</u> ! <u>IL Y A EU UN MONDE PRÉADAMITE</u> : dont ces fameux animaux préhistoriques, témoins de ce monde préadamite.

<u>La</u> <u>Terre</u> <u>est</u> <u>ancienne</u> <u>mais</u> <u>nous</u> <u>croyons</u> <u>que</u> l'<u>Humanité</u> <u>est</u> <u>récente.</u> De monstrueuses bêtes préhistoriques ont bien vécu dans des époques extrêmement éloignées, mais il n'y a

pas d'« hommes préhistoriques ». Au reste, quand ces « hommes dits préhistoriques » ont laissé des dessins, des peintures dans leurs grottes, ce sont des représentations d'animaux de la Seconde Création : des chevaux, des aurochs (dont la race s'est éteinte en Pologne au XVIe siècle), de paisibles mammouths, des oiseaux — soit la Re-Création décrite dans Genèse I, 3–31 et II, 19–20. Ce ne sont pas des hommes d'une époque « préhistorique », mais <u>des hommes de l'époque antédiluvienne</u> (entre Adam et le Déluge), et peut-être certains descendants de Caïn, ayant migré vers l'Europe centrale et l'Europe occidentale.

Genèse IV [4], 11–14

v. 12
« Tu seras errant et vagabond sur la terre »

Si <u>une découverte</u>, <u>une méthode scientifique</u>, ou quoi que ce soit, est corroboré par la Bible, nous y souscrirons assez facilement. Bien sûr, nous parlons de démarche honnête, sérieuse, et nous dirons même scientifique. Mais si c'est contredit par la Bible, je me méfie...

III – DATATION AU CARBONE 14

LA DATATION au carbone 14 n'est pas prouvée pour les périodes très anciennes, déjà par le fait même que vous n'y étiez pas pour vérifier. Au reste, ma « machine à remonter le temps » est toujours en panne...

La datation au carbone 14 est une supposition logique, plus précisément une déduction logique. Mais ce n'est pas parce qu'un phénomène physique se vérifie sur les quelques derniers millénaires qu'il en a toujours été ainsi ! Par extrapolation on peut supposer qu'il en a toujours été ainsi, mais cela reste une supposition, même si c'est une supposition logique et légitime.

Mais nous, faisons valoir que les conditions globales sur la Terre ont complètement changé à plusieurs reprises : totalement lors du Premier Grand Déluge (où la Terre est restée submergée un temps extrême), puis lors de la Re-Création de la Terre par

Dieu, puis à nouveau (quoique bien moins gravement) lors du Second Déluge (celui de Noé). L'équilibre du climat de ces « anciennes Terres disparues » peut très bien avoir été différent, avec un pourcentage de gaz carbonique différent, des radiations différentes, etc. Les équilibres, les pourcentages, les concentrations de gaz, de radioactivité, etc., que nous constatons maintenant répondent-ils exactement aux mêmes lois physiques que lors du très lointain Temps concerné ? Probablement que non.

En d'autres termes, même si nous croyons pleinement qu'avant l'Homme il y eut une « période préhistorique » (donc lors de la Première Création de la Terre), personnellement nous ne croyons pas les durées en millions d'années que nos « savants et experts évolutionnistes » nous assènent continuellement. Vous rendez-vous compte de ce que veut dire : « des millions d'années »... ! Et, a fortiori, deux cents millions d'années !! : c'est tout simplement inconcevable pour l'esprit humain. Même raisonnant en philosophie pure, peut-on imaginer que Dieu aurait accordé au monde animal préhistorique un temps inconcevable de l'ordre de deux cents millions d'années, et seulement quelques milliers d'années à un Homme évolué, intelligent, créant des civilisations ? Ça n'a pas de sens ! Certes Dieu est patient, mais Lui faudrait-il des millions d'années de réflexion avant d'agir !? Aurait-Il l'envie d'attendre encore des millions d'années avant de prendre une décision à laquelle Il aspire Lui-même !? Je le répète, même en philosophie pure ça n'a pas de sens.

Pour toutes ces raisons, nous ne croyons pas que les bêtes préhistoriques soient si anciennes. C'est pourquoi, nous ne croyons pas que la datation au carbone 14 fonctionne, se vérifie, pour les périodes très anciennes. Au reste, il n'y a pour cela aucune preuve. Je le répète, y étiez-vous ? L'échelle du Temps est certainement infiniment plus compressée et ramassée.

IV – UN DOCUMENTAIRE-REPORTAGE TROUBLANT...

SE POURRAIT-IL que les dinosaures (reptiles géants du secondaire — diplodocus, stégosaures, tyrannosaures, hadrosaures et autres) soient relativement récents dans l'échelle du temps ! ?

Sur la chaîne de télévision française « France 3 », je regardais, le 5 septembre 2008, le reportage "Faut pas rêver — Mille et une vies : l'Argentine".

Partant du Sud de la Patagonie pour remonter jusqu'au Nord à la frontière de la Bolivie, le reporter et l'équipe de télévision suivaient la mythique Route 40.

Beau et long documentaire, magnifiquement filmé et documenté, plein d'observations et d'analyses fines et judicieuses, mais documentaire triste montrant si bien les grandes difficultés de vie et de survie des communautés andines pauvres de l'Argentine.

Dernière partie du documentaire… : nous arrivons à l'extrême Nord-Ouest de l'Argentine, région de "la Puna", où sur de hauts plateaux et vallées de 2000 à 3000 mètres d'altitude, bordés de hautes et sombres montagnes, des communautés indiennes dépeuplées essaient de survivre sur LEUR TERRE, la terre de leurs ancêtres jusques lesquelles les intrépides conquistadores et les jésuites étaient arrivés il y a quatre siècles ! Conquistadores repartis depuis longtemps, ayant considéré que décidément ces régions étaient presque invivables, sans intérêt majeur pour eux ; et les jésuites pareillement aussi sont partis. Mais, de ce lointain passé, il reste encore l'église d'époque dans l'un des villages avec sa cloche datée de 1620 !

Et, absolument tout au bout de cette Terre de fin du monde, la "Vallée de la Lune", un désert en altitude, sans aucune présence humaine... Il y a une cinquantaine d'années, un indien autochtone y fit la découverte d'ossements étranges. Ceux-ci envoyés dans un laboratoire anglais furent évalués à 220 millions d'années (si mon souvenir est exact) ! Depuis, cette Vallée de la Lune s'est révélée receler un énorme CIMETIÈRE DE DINOSAURES, plein de squelettes pour la plupart en très bon état, probablement les plus complets au monde...

Donc, nous accompagnons l'équipe de paléontologues autorisée par les autorités une fois par année à faire des fouilles. Nous parcourons la surface sinistre de cette haute vallée ou plateau désertique à près de 3.000 mètres, parsemée de gros rochers, à la recherche de traces, d'indices, nous indiquant où creuser avec succès. Enfin, et assez rapidement au reste, les chercheurs découvrent deux os émergeant à moitié du sol : un tibia cassé en deux, et juste à côté un péroné. Ils creusent donc avec soin tout autour pour dégager entièrement, sans le déplacer, un squelette entier peu profondément enfoui, à peine sous la surface du sol ! Il s'agit d'une petite bête préhistorique, d'environ un mètre et demi de longueur, son corps arrondi comme une carapace, manifestement un herbivore à cause de sa petite tête. Tout le squelette est visible, mais plutôt en mauvais état car les os sont très délabrés, et nos chercheurs décidèrent de ne pas le récupérer pour les reconstitutions dans le musée qui a été créé dans l'une des villes de la région pour les dinosaures de la Vallée de la Lune. En effet, il est facile de trouver dans cette vallée d'autres squelettes, eux en très bon état... ce qu'ils firent peu après...

Mais, quant à moi, je parvins rapidement à deux conclusions (incontestablement iconoclastes)...

1) Si ces os sont très délabrés, c'est parce que ce squelette, je présume à demi fossilisé seulement, très fragile (dixit nos paléontologues), est quasiment à la surface du sol, donc sujet à l'érosion et à l'oxydation.

Comment ces os, rappelez-vous que deux os émergeaient même visiblement à la surface du sol, comment donc ces os ne seraient-ils pas <u>retournés entièrement en poussière</u> sur des millions et des millions d'années ! ? En seulement quelques milliers d'années (et même pas quelques dizaines de milliers d'années), ils auraient dû se désintégrer ! Il y a là une contradiction, une importante contradiction !

2) Ce squelette dégagé de la terre et des roches était celui d'une petite bête préhistorique. Dans une position pitoyable, allongée à moitié couchée sur le côté, exprimant l'effroi et une mort brutale. Même la position de sa tête, sa mâchoire, me semblaient avoir encore l'expression pitoyable d'une pauvre bête, surprise, affolée et mourante. En d'autres termes, tout ce cimetière de dinosaures, ce sont toutes des bêtes TOUTES MORTES BRUTALEMENT EN MÊME TEMPS, peut-être en l'espace d'un quart d'heure ou quelques heures seule-

ment. Peut-être les conséquences de la chute d'un astéroïde, <u>ou</u> <u>un grand Déluge</u> ? CELA FAIT PENSER À L'EXTINCTION BRUTALE DES DINOSAURES — reptiles géants du secondaire —, que les paléontologues pensent s'être produite vers moins 65 millions d'années (selon les dictionnaires et encyclopédies consultés).

Déjà, notons une nouvelle contradiction, magnifique au demeurant : si tous sont morts en même temps, ils ont donc tous le même âge... Or, le premier squelette trouvé il y a une cinquantaine d'années avait été évalué à environ moins 200 ou 220 millions d'années (toujours si j'ai bien entendu), ce qui ne correspond pas à la date généralement admise de moins 65 millions d'années pour l'extinction des dinosaures... Assurément ce n'est pas très important... on n'est quand même pas à 150 millions d'années près... (j'ironise !) De toutes façons, même si ce n'était qu'un seul million d'années — chiffre déjà incommensurable par lui-même — ce ne serait pas possible que ces os aient survécus, compte tenu de leur très faible enfouissement, dans une zone même pas gelée en permanence (dans le climat actuel de la Terre) — sans même parler de la succession des périodes glaciaires et périodes chaudes, nombreuses à se succéder, qui auraient détruit ces fragiles vestiges ! Je le répète, sur ce que j'ai pu voir dans ce reportage, je ne peux donner plus que quelques dizaines de milliers d'années avant la destruction <u>totale</u> de ces os. Or — et en plus — la plupart de ces os sont en bon état : des squelettes complets, même pas des vestiges...

C'est justement là, la preuve, la démonstration la plus troublante et la plus convaincante, que toutes ces dates sont fausses, basées sur une théorie fausse. J'AFFIRME DEPUIS LONGTEMPS, basé sur la Bible et sur la Raison, que l'homme est récent sur la Terre, et qu'il y fut créé il y a quelques 6.000 années lorsque Dieu renouvela la surface de la Terre entièrement dévastée après la rébellion du monde angélique ; <u>mais que</u> le monde des dinosaures est un monde terrestre très ancien, qui existait avant et sans l'homme (quoique je n'eusse jamais cru des dates aussi anciennes qu'annoncées par les scientifiques, car cela n'aurait pas de sens dans le cadre d'une Pensée créatrice et d'un Plan établi depuis des Temps qui sortent de notre monde). Mais JAMAIS JE N'AURAIS CRU qu'aujourd'hui, après avoir vu ce documentaire-reportage télévisé, je parviendrais à la pensée, à l'idée iconoclaste par-dessus toutes, que cet ancien monde des dinosaures soit peut-être « relativement récent », et que ce monde ait possiblement disparu collectivement il y a seulement quelques dizaines de milliers d'années, voire mille ou quelques centaines d'années seulement avant la Création d'Adam.

Alors, alors, après pareille surprise, toute question ou remarque est possible, tout peut être mis en doute : l'Univers a-t-il vraiment 4,5 milliards d'années comme on nous le dit ??

V – THÉORIE ET POSTULAT, MAIS CE N'EST PAS UNE PREUVE

L'ÉVOLUTION EST UNE THÉORIE, ou même un postulat. Mais ce n'est pas une preuve. Ce n'est ni intellectuellement honnête ni même scientifique que de présenter l'Évolution comme une certitude, comme des faits prouvés. Plusieurs pays enseignent dans leur enseignement scolaire les deux systèmes : l'Évolution mais aussi La Création (le Créationnisme). Mais en France seule l'Évolution est enseignée, non pas en tant que théorie mais déclarée en tant que vérité : c'est la Science ! nous dit-on (sous-entendu, la vérité incontestable !). Par exemple, à la télévision, notamment sur ARTE (chaîne de télévision franco-allemande), c'est fréquemment documentaires et films sur ce sujet, l'Évolution étant toujours présentée en tant que vérité certaine et indiscutable.

C'est pourquoi, pour s'amuser un peu, se détendre, j'ai envie de vous

raconter quelques petites histoires...
vraies ! mais tragi-comiques...

VI – PETITES HISTOIRES TRAGI-COMIQUES

PREMIÈRE HISTOIRE

C'ÉTAIT pendant l'année scolaire 1970–1971. Je suivais péniblement une deuxième Terminale C (mathématiques) au Collège St. Jacques, à Hazebrouck, petite ville du Nord-Ouest de la France. L'année précédente, j'avais déjà suivi dans un autre collège une première Terminale C, infructueuse, et dont j'avais gardé un souvenir affreux sur deux matières principalement : la biologie, et la physique. Cette seconde année ne fut pas vraiment meilleure… Comme vous pouvez le penser, j'étais donc déjà très remonté contre « la biologie »… En plus que je ne supportais pas bien notre jeune professeur de biologie, jeune femme cassante et bloquée…

Dans la salle de classe de biologie, au mur, un très grand tableau sur l'évolution des espèces, avec des tas d'embranchements pour arriver à l'homme et aux animaux actuels, avec des millions et millions d'années. Le ton est donné ! Un jour, notre "professeur" aborde l'Évolution, et présente « le grand tableau ». Je me garde bien de tout commentaire. Soudain, alors qu'elle venait de terminer son exposé magistral, l'un des élèves — justement un élève intellectuellement et scolairement brillant, relationnel, de bonne éducation et de bonne famille — prend la parole : « <u>Et</u> <u>Dieu</u> <u>dans</u> <u>tout</u> <u>cela</u> ! » La réponse a fusé, humiliante : « Ici, c'est un cours de Biologie, c'est la Science ! Monsieur. Votre remarque, il faut en discuter en cours de Philosophie. »

o-o-o

Deuxième histoire

VERS 1994 OU 1995. Je me trouvais pour une dizaine de jours de vacances d'été chez mes parents, à La Baule, station balnéaire sur le littoral atlantique. Un jour que le temps était très maussade, et même pluvieux, la famille (parents, mon frère, mes deux sœurs et leurs familles) décida de partir visiter un grand aquarium de la région. Cela ne m'intéressait pas vraiment : je préfère de beaucoup me reposer, ne pas bouger loin, et me consacrer à mes chères études. Mais toujours est-il que j'ai quand même décidé d'y aller, et que je l'ai tout de suite fortement regretté ! Voyage en voiture long et peu agréable. Nous arrivâmes à l'endroit prévu sous les averses, et il faisait même presque froid à l'extérieur de cet aquarium — probablement était-ce le vaste aquarium océanographique et tropical de la ville de Vannes, j'étais si peu intéressé que je ne m'étais même pas préoccupé de connaître le nom de la ville ! Donc, je me retrouve dans cet aquarium souterrain, disons « couvert ». Énormément de monde, des files de gens, aussi la visite n'est-elle pas agréable, et un air lourd, vicié : je ne m'y sens pas bien ! Donc, je fais quelques petits tours et surtout j'attends impatiemment qu'on rentre !

Néanmoins je fais une très

surprenante découverte, devant laquelle je restai longtemps. <u>Un étrange poisson</u> : <u>pas un squelette</u>, <u>mais le poisson complet</u>, <u>momifié</u>. Comme un poisson préhistorique. D'une longueur d'environ un mètre, avec quatre nageoires (deux sous sa poitrine, donc vers l'avant, et deux pour la partie arrière). Et ce sont ces nageoires qui étonnent : celles-ci sont sur le prolongement de commencements de membres très clairement apparents : en effet, on a deux débuts de bras sur 5 à 10 centimètres, puis la nageoire, et pareillement plus loin sous le corps, deux débuts de membres postérieurs terminés par une nageoire. Très étrange pour un poisson. Alors je lis la notice (c'est déjà vieux et je vous écris tout de mémoire, certes de façon plus verbeuse que les dix lignes de cette notice, mais globalement je pense que mon témoignage reste très précis).

Donc ladite notice m'explique que ce poisson, dont on connaissait déjà le squelette fossilisé (il a un nom, il est répertorié), est un poisson préhistorique très ancien (je ne me souviens pas de l'âge, mais sûrement un âge inconcevable, des dates de la lointaine anté-préhistoire), un remarquable et rarissime chaînon manquant de l'Évolution : en effet, ces débuts de membres sont une phase intermédiaire essentielle, quand des membres ont poussé aux poissons et que ceux-ci purent alors monter ultérieurement sur la terre ferme pour se transformer en quadrupèdes (!) Et que là nous avions un exemplaire de ce processus à un niveau intermédiaire !... <u>Ah</u> !! <u>que c'est grand</u> !! Et que ? Et que quoi ? Que ce poisson a été péché à l'ouest de l'Île Maurice (Océan Indien) vers 1960, où il vit probablement à une profondeur de 600 mètres ! Et qu'on ne sait pas très bien pourquoi certains de ces poissons préhistoriques n'ont pas évolué, ou ont arrêté leur évolution, et sont restés inchangés depuis l'époque de leurs lointains ascendants préhistoriques.

<u>Impayable</u> ! On m'affirme que

cette race de poisson est un chaînon manquant de l'Évolution, qui donnera naissance à la famille des quadrupèdes, mais que quelques tribus de ces poissons, des cousins de l'Océan Indien, ont décidé de ne pas évoluer et de demeurer absolument inchangés pendant grand nombre de millions d'années jusqu'à nos jours. Quelle naïveté ou plutôt quelle malhonnêteté ! <u>Au contraire, c'est le remarquable chaînon manquant de la NON-ÉVOLUTION</u>, qui met par terre toute cette théorie : puisqu'on vient d'en pécher, à notre époque, vivant, un spécimen identique à ses ancêtres préhistoriques... ! La Bible parle d'espèces (Genèse, I, 21 — il s'agit de la Deuxième Création, ou Re-Création de la surface de la Terre, comme nous l'avons précédemment expliqué), la Bible dit que les êtres vivants ont été créés chacun selon son espèce, que l'homme donc ne parle pas d'Évolution !

Bien sûr, au sein d'une espèce, il y a de nombreuses sous-familles : par exemple, il y a une foultitude de perroquets, différents, au demeurant magnifiques, sur la Terre, mais ce sont tous des... perroquets. Quoique avec des variations de taille, de couleurs, et de légères variations de morphologie entre eux, toutes les races de perroquets sont toujours selon l'espèce des perroquets, ils n'évoluent pas vers un animal fondamentalement différent.

o-o-o

TROISIÈME ET QUATRIÈME HISTOIRES, plus récentes.

ARTE, chaîne de télévision que je regardais souvent, a curieusement des « dadas » favoris de mauvais goût : l'un de ceux-là, c'est l'Évolution. Donc ils programment régulièrement des docu-fictions sur ce thème. Et justement, deux soirs de suite, un docu-fiction sur la survie d'hommes préhistoriques en Europe occidentale il y a exactement 24.000 ans, au pire moment d'une épouvantable période de glaciation. Docu-fiction entrecoupé d'interviews de chercheurs et savants spécialistes de l'Évolution. Puis, quelques jours après, je regardai également un reportage-interview ahurissant (un bijou dans le gag, un modèle du genre) sur un gros morceau de crâne de « machinpithèque » récemment trouvé en Afrique : une brave dame, au demeurant fort sympathique, nous montre une partie supérieure de crâne, et nous explique qu'il appartient à l'un des plus vieux humains du monde. Je regarde attentivement, mais je ne vois rien d'un crâne humain : boîte crânienne très plate, un peu comme un cône horizontal, avec un long museau ! Et elle ajoute : ce crâne est en fait très proche des chimpanzés actuels (!) Tu l'as dit ! : c'est un chimpanzé « préhistorique ». La démonstration continue avec cette phrase étonnante et naïve : « il (elle) <u>vivait</u> <u>dans</u> <u>les</u> <u>arbres</u> (!) il a <u>peut</u>-<u>être</u> utilisé des pierres taillées, et <u>probablement</u> connaissait-il le feu ». Impayable, elle reconnaît qu'il vivait et dormait dans les arbres, qu'on n'a pas retrouvé d'outils ou de traces d'habitat humain ! Alors comment sait-elle que c'est un humain et pas un chimpanzé ? Et, dans le même temps, elle nous présente ce crâne comme appartenant aux premiers hommes !

Était-ce ce documentaire même ou un autre — je ne me souviens plus avec certitude, mais il me semble que c'était bien un autre documentaire sur le même sujet — où l'on nous déclarait, c'était peut-être même un titre de l'émission : « <u>on a retrouvé la petite fille de Lucy</u> ! ». Vous savez « Lucy » dont parle même mon *Dictionnaire Hachette encyclopédique*, australopithecus afarensis (« Lucy ») dont la période plausible de présence sur la Terre s'étendait approximativement de moins 5 millions à moins 4 millions d'années... Un million d'années ! elle n'a pas évolué vite, celle-là... Le journaliste rusé pose alors la question piège : est-ce vraiment la petite fille de Lucy ? Non, non — lui répond-t-on —, c'est juste une façon de parler ! Ah, Ah... Quel haut niveau de preuve scientifique !... Et tant de gens qui ont retenu cette phrase « on a retrouvé la petite fille de Lucy ! », la preuve, les SCIENTIFIQUES l'ont dit ! C'est la SCIENCE, Monsieur !

Donc, on nous parle de la petite fille de 3,5 millions d'années. Bigre ! 3.500.000 années... ça me fait froid dans le dos ! Mais au fait, comment sait-on son âge ? Justement le journaliste pose cette bonne question (ah ! quel brave homme !). La réponse m'a glacé à nouveau. Se pourrait-il que la malhonnêteté intellectuelle, la pseudo-science, soient si ancrées que personne ne le voit ? Ai-je bien compris, suis-je fou ou bien sont-ce eux les fous, malhonnêtes et pseudo-scientifiques ? Je n'aurai jamais cru que l'on pouvait répondre cela.

Car la voici leur réponse : <u>En fait on ne teste pas le squelette</u> ! Mais seulement l'environnement, par deux méthodes, la méthode stratigraphique (par l'étude des strates géologiques constitutives du terrain) et la méthode radioactive. Et comme on connaît parfaitement l'environnement radioactif de l'Éthiopie, on peut être sûr à 20.000 ans près que « la petite fille » a 3.150.000 années !

Je ferai juste plusieurs remarques rapides :

1) Comment savent-ils qu'il s'agit d'un être humain et non pas une petite guenon (un singe) ?

2) Pourquoi n'ont-ils pas daté directement l'os retrouvé ?

3) La méthode stratigraphique. Le fait que des ossements ou traces soient retrouvés dans une strate géologique précise ne confère pas automatiquement à ces objets l'ancienneté de la couche géologique qui les contient. Par suite de bouleversements géologiques — tremblements de terre, déluge, etc. — l'ordre des couches géologiques peut avoir été bouleversé, voire inversé !

4) Comment savent-ils que l'environnement radioactif de l'Éthiopie était le même — ou était dans la même

logique que l'actuel — il y a plus de 3 millions d'années ?

5) À nouveau je dis qu'il n'y a pas de preuves que nos datations au carbone 14 soient valables pour des temps très éloignés, car il n'y a pas de preuves que le système radioactif actuel existait alors selon la même logique et dans le même état que maintenant.

    C'est pourquoi, à nouveau, si j'avais à juger de la valeur de leurs démarches intellectuelles, en philosophie pure je ne donnerai pour note pas plus de 2/20 à leur démonstration, c'est-à-dire : nul !

VII – LE DROIT INALIÉNABLE DE CROIRE

En tout état de cause, j'ai le droit inaliénable de croire que la Bible est la parole révélée de Dieu, de choisir ma foi en Dieu plutôt que la connaissance humaine, produit d'intelligences faillibles et limitées, parfois même connaissance faussée et truquée d'hommes cherchant à « prouver » par une démarche non scientifique leurs postulats.

Et je pense à Blaise Pascal, philosophe et écrivain français du XVIIIe siècle : lui ne m'aurait pas méprisé !

Dans cet ordre d'idées, je voudrais citer Benoît XVI ; sur plusieurs points j'aime bien ce Pape : Il parle de la Raison, il raisonne et démontre par la raison, comme la scolastique du Moyen Âge.

Discours de Benoît XVI au Collège des Bernardins à Paris, vendredi 12 septembre 2008 :
« Au plus profond, la pensée et le sentiment humains savent de quelque manière que Dieu doit exister et qu'à l'origine de toutes choses, il doit y avoir non pas l'irrationalité, mais la Raison créatrice, non pas le hasard aveugle, mais la liberté.
« Une culture purement positiviste, qui renverrait dans le domaine subjectif, comme non scientifique, la question concernant Dieu, serait la capitulation de la raison (...) »

En d'autres termes, que toute forme de culture qui considère l'idée de Dieu comme une idée non scientifique est une culture rétrograde elle-même.

Lettre trimestrielle « Des prêtres pour toutes les nations », n°34, septembre 2008 : l'article « Foi et Raison : pourquoi une telle insistance ? » :
« Benoît XVI a prononcé un discours au collège des Bernardins sur un thème qui lui est cher : « Foi et Raison ». Pourquoi une telle insistance ? Parce que foi et raison ont un seul et même objet, la

vérité, dont la finalité est la connaissance du Bien (...) »

L'harmonie entre foi et raison : le discours de Ratisbonne, 12 septembre 2006 :
« Pourquoi est-il impossible d'opposer foi et raison ? Parce que le Dieu qui révèle les mystères et donne la grâce de la foi est le même Dieu qui nous a donné la faculté de raisonner (...) »

L'exigence de la vérité : Université de La Sapienza, 17 janvier 2008 :
« La soif de connaissance (...) est propre à l'homme. Il veut savoir ce qu'est tout ce qui l'entoure. Il veut la vérité. Mais la vérité « signifie davantage que le savoir : la connaissance de la vérité a pour objectif la connaissance du bien. » Vérité et bien sont intimement mêlés (...)
« Mais reprenons la question de Ponce Pilate : « Qu'est-ce que la vérité ? » Dans l'ordre naturel, par la raison c'est l'adéquation de notre intelligence à la réalité ; dans l'ordre surnaturel, la vérité est l'adhésion de l'intelligence aux vérités révélées, à Dieu lui-même (...)
« La foi et la raison sont ainsi les deux moyens pour atteindre la vérité. Faire abstraction de l'une ou l'autre, c'est

amputer l'être humain d'une de ses deux facultés fondamentales. »

C'est pourquoi, ce que je reproche aux partisans de l'Évolution, courant majoritaire dans la société, c'est :

1) D'une part, c'est que tout en se disant "chrétiens" pour la plupart (car tous ne sont pas athées), ils rejettent de fait la Bible. Oui, vous avez le droit de rejeter la Bible, je ne vais jamais reprocher à un athée de rejeter la Bible en tant que "Livre inspiré et Révélation", mais alors ne dites pas que vous êtes chrétiens ! Vous insultez même le Dieu de la Bible. C'est comme si des bouddhistes rejetaient les écrits de Bouddha... tout en se disant bouddhistes ! ;

2) D'autre part, je vous reproche le mépris, les insultes, la violence verbale, le comportement de ces partisans sectaires qui considèrent avec arrogance et mépris "les Créationnistes", c'est-à-dire tous ceux qui croient en une Création conforme à Genèse, en un Déluge, à la Tour de

Babel, etc. Et nous sommes traités de débiles, de dangereux fous, et qu'il est inacceptable que des légendes aussi archaïques puissent être exposées dans la presse, dans des écoles. Réellement, s'ils pouvaient recréer l'Inquisition ils nous empêcheraient par la force de nous exprimer ;

3) Troisièmement, le niveau de leurs raisonnements. Leur raisonnement, philosophiquement parlant, est un « raisonnement préhistorique » ! ;

4) Quatrièmement, la malhonnêteté de leurs raisonnements qui consiste à bâtir sur des postulats et non sur une base prouvée.

postulat :
• (*Logique, Sciences*) Principe premier d'une démonstration, admis comme un fait reconnu, qui paraît légitime et indiscutable, mais qui est indémontrable
• (*Mathématiques*) Principe d'un système déductif qu'on ne peut prendre pour fondement d'une démonstration sans l'assentiment de l'auditeur

VIII – UNE SINISTRE HISTOIRE

Pour illustrer mon propos, je regardais (dans les années 2005–2008, je ne me souviens pas exactement) un documentaire sur "Arte" (chaîne de télévision franco-allemande), sur les "Créationnistes". Ce documentaire, comme toujours pro-évolutionniste, était néanmoins très intéressant.

D'abord nous vîmes des groupes Créationnistes américains, assez nombreux et puissants, qui exposaient leurs convictions.

Puis, un reportage sur un groupe Créationniste puissant en Grande-Bretagne, et dont j'entendais parler pour la première fois. Contrairement aux hypothèses que nous exposons dans cet article — où nous parlons de Deux Créations distinctes dans le Temps, et où les dinosaures font partie de la Première Création, et l'Homme de la Seconde Création ou Re-Création il y a 6.000

ans — ils sont convaincus que tout a été créé "en même temps" il y a 6.000 ans, et donc les dinosaures aussi. Je ne partage donc pas toutes leurs analyses, mais au moins je dois reconnaître qu'ils étaient sympathiques, agréables, d'une foi positive et vivante, un christianisme vivant, un désir de Dieu plein de fraîcheur. Certainement Dieu devrait plus apprécier ces gens et leur position que ceux dont je parle ci-après.

Donc, dans ce même documentaire, composé de plusieurs reportages, nous assistions à un court extrait d'une conférence en Allemagne, où quelques partisans du Créationnisme avaient été invités à s'exprimer face aux partisans de l'Évolutionnisme. Un créationniste était à la tribune, et s'exprimait calmement, exposant ses arguments philosophiques, rhétoriques ou scientifiques pour lesquels il conteste des théories de l'Évolution. Soudain dans l'auditoire des chercheurs et experts, presque exclusivement constitué de pro-évolutionnistes, qui au reste écoutaient poliment, un quidam se lève en poussant <u>des hurlements terribles</u>, ordonnant à l'orateur de ne plus dire un mot de plus, et expliquant avec des cris terribles qu'il ne supporterait plus qu'on laisse parler cet intervenant qui utilisait des argumentations démodées vieilles de 40 ans ! ? Le malheureux orateur, quoique resté calme, demandait qu'on lui laisse au moins le droit de parler... <u>Aujourd'hui encore</u>, <u>je garde de ce scandale une impression affreuse</u>.

Infortuné orateur créationniste tombé dans un traquenard, et qui ne commettait pas d'autre crime que de croire et défendre les Écritures. Et en quoi le fait qu'une argumentation soit vieille de 40 ans est-il un argument pour la rejeter avec une telle violence ! Il y a quelqu'un qui a prononcé des phrases il y a 2.000 ans, et auxquelles je crois toujours, comme tant d'autres gens, de générations en générations, enseignement à la base du christianisme biblique !

Méthode habituelle de la majorité des évolutionnistes pour éjecter les non-évolutionnistes, c'est-à-dire les créationnistes ! C'est, en fait, <u>la façon d'éjecter DIEU</u> de la tête de tout homme par l'injure, par la moquerie. Désormais tout évolutionniste peut vous traiter d'ignorant, de débile, voire de débile sournois, tout en vous sortant les "preuves" entre guillemets de la justesse de leurs convictions, en fait leur imposture (ils n'ont aucune preuve, mais seulement une conviction, qui est au niveau d'une religion, leur religion). <u>Car c'est une imposture, totalement imaginée : des postulats et un échafaudage de classements</u>.

IX – DES FOUS, DES FOUS !

VOICI LA RÉPONSE DE DIEU : Romains I, 18-23 — « Se vantant d'être sages, ils sont devenus fous ». Car, qu'est-ce que l'Évolution, n'est-ce pas l'adoration moderne de la créature, des créatures, au lieu du Créateur ? Satan est bien le Dieu de ce monde, et il a réellement séduit toute la Terre.

Romains I, 18-23

« La colère de Dieu se révèle du ciel contre toute impiété et toute injustice des hommes qui retiennent injustement la vérité captive, car ce qu'on peut connaître de Dieu est manifeste pour eux, Dieu le leur ayant fait connaître. En effet, les perfections invisibles de Dieu, sa puissance éternelle et sa divinité, se voient comme à l'œil nu, depuis la création du monde, quand on les considère dans ses ouvrages. Ils sont donc inexcusables, car ayant connu Dieu, ils ne l'ont point glorifié comme Dieu, et ne lui ont point rendu grâces ; mais ils se sont égarés dans leurs pensées, et leur cœur sans intelligence a été plongé dans les ténèbres. Se vantant d'être sages, ils sont devenus fous ; et ils ont changé la gloire du Dieu incorruptible en images représentant l'homme corruptible, des oiseaux, des quadrupèdes, et des reptiles. »

II Corinthiens IV [4], 3-4

« Si notre Évangile est encore voilé, il est voilé pour ceux qui périssent, pour les incrédules dont le dieu de ce siècle a aveuglé l'intelligence, afin qu'ils ne voient pas briller la splendeur de l'Évangile de la gloire de Christ, qui est l'image de Dieu. »

Les hommes de science ont assez de connaissance par eux-mêmes pour reconnaître l'existence, la présence de Dieu. Ils sont donc inexcusables car ils devaient voir les preuves visibles de Dieu dans la Création. C'est un verset très fort, qui indique leur réaction face à la connaissance : ils ont eu accès à cette connaissance et l'ont rejetée. Premièrement ils renient Dieu, deuxièmement l'homme exclut Dieu de la Création : au lieu de Le reconnaître, on essaie de Le faire disparaître en Le remplaçant par l'Évolution.

Le Christ corrobore la Création : Marc X [10], 6. Ils sont donc inexcusables, c'est très clair : les hommes de science sont en train de retenir la connaissance de la Création. « Ils se sont égarés dans leurs pensées, et leur cœur sans intelligence a été plongé dans les ténèbres » : c'est l'éducation scolaire et universitaire dans le monde d'aujourd'hui !

Pourquoi de pareilles pseudo-démonstrations ? Parce qu'ils veulent prouver une idée, quelque chose, qu'ils ont acceptée d'avance. Ils ont accepté que l'homme existe sur la Terre depuis un temps considérable, dans le cadre de l'Évolution, donc ils le prouvent par une démarche de postulats et de pseudo-science. En d'autres termes, tout est bon sauf Dieu et sa Création.

Tous ces scientifiques sont-ils malhonnêtes ? Au niveau des scientifiques, beaucoup le sont (Romains I, 18–23). D'autres sont tout simplement malades, des gens séduits...

La majorité ordinaire, elle, est tout simplement absolument séduite... Préalablement ils sont séduits — par l'enseignement scolaire, universitaire, et par les médias (documentaires et films de la Télévision) — et après ils gobent tout ! Au reste, Satan n'est-il pas le prince de la puissance de l'air ?

Éphésiens II, 1-2

« Vous étiez morts par vos offenses et vos péchés, dans lesquels vous marchiez autrefois, selon le train de ce monde, selon le prince de la puissance de l'air, de l'esprit qui agit maintenant dans les fils de la rébellion. »

À noter néanmoins que la plupart des grands astronomes reconnaissent l'existence et la présence de Dieu.

CXL

Chapitre XIII
Épilogue

CXLII

TOUT EN VOUS FAISANT PART de ces pensées, nous vous encourageons à contempler dans son ensemble le Plan divin du salut — qui propose à toute l'Humanité le salut, gratuitement et avec amour, chacun ayant en son temps sa chance, son jour de salut — et à vous réjouir de cette perspective généreuse en y saisissant votre propre opportunité de vivre avec Dieu.

de
Patrick Thouvenin de Strinava
&
Svétoslava Prodanova-Thouvenin de Strinava

CI-AVANT, l'épilogue d'origine. Mais, comme nous voulions compléter cet épilogue, sentant le besoin d'approfondir certains sujets "pointus", très bibliques dans le sens de la Religion, et donc ne concernant que quelques-uns de nos lecteurs, mais que cet ajout a fini par atteindre plus que deux cents pages… (!), alors nous n'avons pas eu d'autre choix raisonnable que d'éditer un Tome Quatre, ce qui est finalement un bon choix car, nous le répétons, de toute façon ces pages ne concernent que certaines rares personnes et pas vraiment les autres.

Ci-après, nous vous présentons la Table des matières de ce chapitre XIV, unique chapitre de ce Tome Quatre additionnel.

Table des matières
Chapitre XIV
Après-propos

Ce chapitre, quatorzième, épilogue ultime de ce grand ouvrage "Histoire des Cieux et de la Terre", en trois Tomes initiaux, dont chaque Chapitre traite d'un grand sujet global, selon un ordre chronologique, ce chapitre XIV donc traite plutôt de sujets divers, complémentaires, dont la compréhension enrichit le lecteur pour permettre une approche globale éclairée, lumineuse, accomplie, de l'ensemble du grand Plan divin, celui de la rencontre de Dieu avec les Hommes.

Ci-après, la Table des matières des sujets évoqués (deux cents pages, quand même...)

I – Luc XVI, 19–31 (L'homme riche et Lazare)

II – La Terre, la Nature, les Animaux, dans le Règne de Dieu

III – La Seconde mort

IV – Le plus grand des Commandements

V – Le baptême chrétien

VI – Qui est appelé ?

VII – Peut-il exister des chrétiens indépendants ?

VIII – Les langues de la Bible

IX – La Grâce et la Loi

X – Qui est... "mon prochain" ?

XI – Lois temporaires, Lois perpétuelles : La Bible et le Temps

XII – Celui qui persévérera jusqu'à la fin

XIII – L'avenir de l'Homme

XIV – Vers la Lumière

XV – Quelqu'un qui m'aime !

XVI – Quelqu'un qui m'attend ! — Attends-Moi !
   XVI.1 – Quelqu'un qui m'aime...
   XVI.2 – Quelqu'un qui m'attend...
   XVI.3 – Attends-moi !
   XVI.4 – Jésus-Christ ne nous dit-Il pas la même chose maintenant ?
   XVI.5 – Versets, dans leur contexte
   XVI.6 – L' "Apocalypse", jusqu'au Second Avènement de Jésus-Christ
      XVI.6.1 – Sept Sceaux
      XVI.6.2 – L'ouverture des Sceaux
      XVI.6.3 – Le Septième Sceau
      XVI.6.4 – La cinquième Trompette, ou le Premier Malheur
      XVI.6.5 – La sixième Trompette, ou le Deuxième Malheur
      XVI.6.6 – La septième Trompette, ou le Troisième Malheur
   XVI.7 – L' "Apocalypse" prouve I Thessaloniciens IV [4], 15–17

XVII – Épilogue de l'Après-propos

o-o-o

CXLVIII

CXLIX

CL

CLI

**La rose éclatante
Peinture sur coton**

CLII

Auteurs :
– Prodanova-Thouvenin de Strinava, Svétoslava L.
– Thouvenin de Strinava, Patrick

Courriel des auteurs :
lescheminsduvent@wanadoo.fr

Sites Web des auteurs :
http://svetoslava.prodanova-thouvenin.ladyofblackwood.com
&
http://patrick.thouvenin.lairdofblackwood.com

Nos livres chez le même Éditeur :
Books on Demand GmbH,
12/14 rond-point des Champs Élysées,
75008 Paris, France
www.bod.fr

Commandes de livres :
Vous pouvez ;
– soit les commander chez un libraire,
– soit, sur Internet, dans une librairie en ligne,
– soit directement chez l'Éditeur.

Dans ce dernier cas (commande d'un livre directement chez l'Éditeur), le délai de livraison est plus court.

Pour ce faire :
– www.bod.fr
– cliquez sur LIBRAIRIE
– dans la zone "Rechercher dans la librairie " :
- saisir l'ISBN du livre
- ou le titre du livre
- ou le nom de l'auteur

Collection
"Contes et Merveilles"
Poésie en prose, contes

À l'heure enchantée de l'amour
Paris : Books on Demand
Prodanova-Thouvenin, Svétoslava
- 2e édition révisée :
ISBN 978-2-8106-1349-6
Dépôt légal : juillet 2011

Le Ciel des Oiseaux blessés
Paris : Books on Demand
Prodanova-Thouvenin, Svétoslava
- 3e édition révisée :
ISBN 978-2-8106-1342-7
Dépôt légal : août 2011

Contes du Temps
Paris : Books on Demand
Prodanova-Thouvenin, Svétoslava
- 2e édition :
ISBN 978-2-8106-2238-2
Dépôt légal : septembre 2011

<u>Le</u> <u>Continent</u> <u>inexploré</u>
Paris : Books on Demand
Prodanova-Thouvenin, Svétoslava
- 2e édition :
ISBN 978-2-8106-2231-3
Dépôt légal : septembre 2011

<u>Miniatures</u> <u>littéraires</u> <u>enchantées</u>
Paris : Books on Demand
Prodanova-Thouvenin de Strinava,
Svétoslava L.
ISBN 978-2-3221-0281-5
Dépôt légal : mars 2018

Série
"Ad Astra"
Un roman à suivre, à l'infini...

Ad Astra Tome 1 : Prologue
Paris : Books on Demand
Prodanova-Thouvenin, Svétoslava
- 2e édition révisée :
ISBN 978-2-8106-2158-3
Dépôt légal : août 2011

Ad Astra Tome 2 : Le journal d'Orion : Les Feux de la Saint-Jean
Paris : Books on Demand
Prodanova-Thouvenin de Strinava, Svétoslava
ISBN 978-2-3220-3943-2
Dépôt légal : août 2015

Ad Astra Tome 3 : Le rêve d'Astra
Paris : Books on Demand
Prodanova-Thouvenin de Strinava, Svétoslava
ISBN 978-2-3221-3821-0
Dépôt légal : février 2017

Collection
"Je lis le français"
Poésie en prose, contes

Série de livres pour accompagner l'étude du français par des enfants français ou d'origine étrangère

<u>Je</u> <u>lis</u> <u>le</u> <u>français</u> <u>Tome</u> <u>1</u> : Roudoudou à "Agapy"
Paris : Books on Demand
Prodanova-Thouvenin de Strinava, Svétoslava L.
ISBN 978-2-3221-0147-4
Dépôt légal : juin 2019

CLIX

Collection
"Conversations spirituelles"

Essais philosophiques et spirituels, Théologie chrétienne, Archéologie et Antiquité bibliques, Eschatologie

Histoire des Cieux et de la Terre 1
Paris : Books on Demand
Thouvenin de Strinava, Patrick
- 2e édition révisée et augmentée :
ISBN 978-2-8106-2842-1
Dépôt légal : février 2016

Histoire des Cieux et de la Terre 2
Paris : Books on Demand
Thouvenin de Strinava, Patrick
ISBN 978-2-3220-9931-3
Dépôt légal : novembre 2017

Histoire des Cieux et de la Terre 3
Paris : Books on Demand
Thouvenin de Strinava, Patrick
ISBN 978-2-3222-0726-8
Dépôt légal : mars 2020

Histoire des Cieux et de la Terre 4
à paraître

CLX

Courriel :
lescheminsduvent@wanadoo.fr

Sites Web des auteurs :
http://svetoslava.prodanova-thouvenin.ladyofblackwood.com
&
http://patrick.thouvenin.lairdofblackwood.com

"La finesse"
Création sur parchemin
(S. Prodanova-Thouvenin de Strinava)

CLXIII

CLXIV

CLXVI

CLXVII

CLXVIII